CHAMPIONS DU MONDE DE L'ÉCOLOGIE !

À la petite Fleur : bienvenue sur ta planète !

S. F. & S. L.

STÉPHANE FRATTINI ET STÉPHANIE LEDU

ILLUSTRÉ PAR DAB'S

CHAMPIONS DU MONDE DE L'ÉCOLOGIE !

MILAN
jeunesse

SOMMAIRE

4 • CONSOMME MALIN 47

5 • TON ÉCOLE ÉCOLO 59

6 • DANS LA NATURE 69

7 • EN ACTION ! 81

INDEX 92

1 • LES BASES

Champion du monde, tu sais ce que ça veut dire. Et l'écologie, alors ? Ouf, quelqu'un est là pour t'aider...

PETITE PLANÈTE

Jusqu'à preuve du contraire, la Terre est la seule planète où la vie soit possible, grâce à des conditions quasi miraculeuses. Petit tour du locataire...

PRÉCIEUSE ATMOSPHÈRE

Unique : une mince couche d'air entoure notre planète. Ce mélange de gaz (oxygène, azote, etc.) permet aux êtres vivants (comme moi) de respirer.

FORCE VERTE

Les végétaux absorbent du gaz carbonique et rejettent de l'oxygène. Ils régénèrent l'air. Indispensable à l'équilibre de l'atmosphère !

TOUT EST RELATIF !

IMAGINE QU'IL SE SOIT ÉCOULÉ UNE JOURNÉE DEPUIS LA FORMATION DE LA TERRE.

- LES PREMIÈRES CELLULES (DES ALGUES) VOIENT LE JOUR À 14 H.
- LES DINOSAURES VIVENT ENTRE 22 H 47 ET 23 H 40.
- LES PREMIERS HOMINIDÉS APPARAISSENT À 23 H 58.
- L'HOMME MODERNE NAÎT MOINS D'UNE SECONDE AVANT MINUIT.

(ET 1/100 DE CETTE SECONDE LUI A SUFFI À MENACER L'ÉQUILIBRE DE LA PLANÈTE...)

SUPER-BOUCLIER

À 50 km au-dessus de nos têtes, l'atmosphère renferme une couche de gaz, l'ozone, qui absorbe les rayons dangereux du Soleil.

À BONNE DISTANCE

Ni trop près, ni trop loin du Soleil : sur Terre, il fait juste la bonne température pour que la vie (et les ratons) s'épanouisse(nt)...

SANS ATMOSPHÈRE, IL RÉGNERAIT SUR TERRE À PEU PRÈS LA MÊME TEMPÉRATURE QUE SUR LA LUNE : + 100 °C LE JOUR, – 150 °C LA NUIT !

EAU LIQUIDE

L'eau est un des éléments les plus communs dans l'Univers, sous forme de glace ou de vapeur. Mais sous forme liquide, seule la Terre en possède... et sans elle, pas de vie (et donc, pas de raton laveur) !

CYCLE SANS FIN

Les océans et les cours d'eau s'évaporent, les plantes transpirent... La vapeur remonte dans l'atmosphère, puis se condense : il pleut (sur les ratons laveurs)... Et ainsi de suite : c'est le cycle de l'eau.

7 VRAIS MONSTRES

Au secours, ils attaquent la planète ! Ces 7 affreux ont un point commun : tous sont le résultat des activités humaines...

BOUFFARBRE

(RESPONSABLE DE LA DÉFORESTATION)

CHAQUE SECONDE, IL AVALE UN TERRAIN DE FOOT DE FORÊT TROPICALE. POUR QUOI FAIRE ? PLANTER DES CULTURES INTENSIVES, INSTALLER DES EXPLOITATIONS DE MINERAI (ULTRA-POLLUANTES), EXPLOITER LE BOIS (DONT 70 % FINIRA EN DÉCHETS)...

PÉTROVORACE

(OGRE DES ÉNERGIES FOSSILES)

EN 2 SIÈCLES, IL A CONSOMMÉ PRESQUE TOUT LE PÉTROLE, LE GAZ ET LE CHARBON QUE LA TERRE AVAIT MIS 300 MILLIONS D'ANNÉES À FABRIQUER. AUJOURD'HUI, IL RESTE DU PÉTROLE POUR ENVIRON 40 ANS. VITE, IL FAUT RÉFLÉCHIR À LA SUITE !

ZIGOUILLETOU

(DESTRUCTEUR DE LA BIODIVERSITÉ)

IL CHASSE LES ANIMAUX SAUVAGES, POLLUE LA NATURE ET DÉTRUIT LES HABITATS NATURELS. RÉSULTAT : 30 000 ESPÈCES D'ANIMAUX ET DE PLANTES SONT EN DANGER D'EXTINCTION. ET QUAND UNE ESPÈCE A DISPARU, LA MARCHE ARRIÈRE EST IMPOSSIBLE.

SOIFFARD

(GASPILLEUR D'EAU DOUCE)

IL POMPE L'EAU DES RIVIÈRES ET DES RÉSERVES DU SOUS-SOL, L'UTILISE ET LA POLLUE SANS FAIRE ATTENTION. RÉSULTAT : L'EAU N'A PLUS LE TEMPS DE SE RECYCLER, SA QUALITÉ SE DÉTÉRIORE... EN 2050, AU MOINS 1 PERSONNE SUR 4 VIVRA DANS UN PAYS OÙ L'EAU DOUCE MANQUERA.

IMMONDIX

(VOMISSEUR DE DÉCHETS)

IL REJETTE CHAQUE JOUR DES DÉCHETS MÉNAGERS, AGRICOLES ET INDUSTRIELS, PARFOIS HYPERTOXIQUES.

RIEN QUE LES ORDURES MÉNAGÈRES DES FRANÇAIS (25 MILLIONS DE TONNES !) REMPLIRAIENT CHAQUE ANNÉE UN TRAIN ALLANT DE LA TERRE À LA LUNE...

SABLEMOR

(GRAND DÉSERTIFICATEUR)

IL FAIT AVANCER LE DÉSERT, QUI MENACE AUJOURD'HUI 30 % DE LA SURFACE DE LA PLANÈTE.

LA FAUTE À QUI ? À LA DÉFORESTATION, À LA SUREXPLOITATION DES SOLS PAR L'AGRICULTURE, AU SURPÂTURAGE PAR LE BÉTAIL, À UNE IRRIGATION MAL ADAPTÉE, AU RÉCHAUFFEMENT DU CLIMAT... URGENCE !

POURRIMER

(POLLUEUR DES OCÉANS)

MÉTAUX LOURDS, PESTICIDES, TOXINES... DANS LES OCÉANS, ON TROUVE DE TOUT. MAIS DE MOINS EN MOINS DE POISSONS ET DE MAMMIFÈRES MARINS. LES RÉCIFS CORALLIENS, HABITAT D'INNOMBRABLES ESPÈCES, SONT EUX AUSSI TRÈS MAL EN POINT.

MULTIPLICATOR

6,5 MILLIARDS D'HOMMES AUJOURD'HUI, ET PROBABLEMENT 10 MILLIARDS VERS 2100... SI NOUS NE FAISONS RIEN POUR PRÉSERVER LA PLANÈTE, C'EST SÛR : TOUS LES MONSTRES GROSSIRONT EN MÊME TEMPS !

QUAND LA TERRE CHAUFFE

C'est une certitude : le réchauffement de notre planète a commencé. À quoi ressemblera-t-elle, dans 50 ou 100 ans ?

L'EFFET DE SERRE, C'EST QUOI ?

En moins de 200 ans, notre mode de vie (industries, transports, chauffage...) a fait augmenter de 50 % la concentration de certains gaz dans l'atmosphère (dont le CO_2, ou dioxyde de carbone).
Ces gaz retiennent la chaleur de la Terre chauffée par le Soleil. Au départ, l'effet de serre est un phénomène naturel, nécessaire à la vie. Mais quand il augmente, attention aux dégâts !

TROP CHAUD !

AU XXe SIÈCLE, LA TEMPÉRATURE MOYENNE S'EST ÉLEVÉE DE 0,7 °C. ET ÇA VA CONTINUER ! D'ICI 2100, LES SCIENTIFIQUES PRÉVOIENT ENTRE 1,4 °C ET 5,8 °C DE PLUS...

LA COUCHE D'OZONE

L'ozone est un composant naturel de l'atmosphère, qui nous protège des dangereux ultraviolets. En 1985, on a découvert un « trou » dans la couche d'ozone. Responsables, les CFC, des gaz utilisés dans les frigos et les aérosols. Désormais, ils sont interdits, mais ils ont une durée de vie de 100 ans...

L'EAU QUI MONTE

Depuis 100 ans, le niveau des mers est monté de 20 cm. Deux effets se conjuguent : l'eau augmente de volume en se réchauffant, et les calottes polaires fondent. Le niveau pourrait encore monter de 80 cm au XXIe siècle. C'est énorme !

LE VILLAGE DE SHISHMAREF EST BÂTI SUR UNE PETITE ÎLE, À L'OUEST DE L'ALASKA. CHAQUE ANNÉE, LA MER MONTE ET LA PLAGE RECULE EN MOYENNE DE **3 M**. L'ÎLE VA DEVOIR ÊTRE ABANDONNÉE : SES HABITANTS SERONT LES PREMIÈRES VICTIMES DU RÉCHAUFFEMENT.

LA FRANCE EN 2100 ?

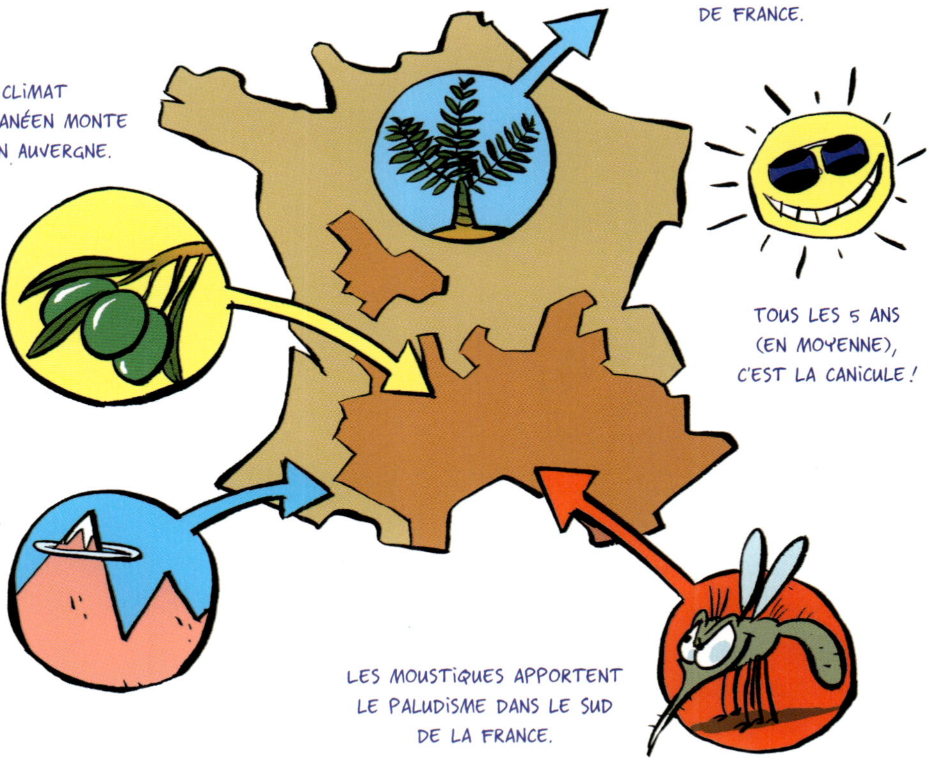

MESURE TON EMPREINTE !

Petit-pied ou Grand-pied ? Calcule ton « empreinte écologique », c'est-à-dire la portion de planète que tu consommes pour vivre...

1 • TU HABITES...

- une maison.
- un terrier.
- un appartement.

2 • TU VAS À L'ÉCOLE...

- en voiture.
- à vélo, à pied, en bus.
- à reculons.

3 • POUR TE LAVER, TU PRENDS...

- une bonne douche.
- un grand bain.
- Je ne me lave jamais.

4 • TU MANGES PLUTÔT DES LÉGUMES...

- frais, du jardin ou du marché.
- quand tu es malade.
- surgelés du supermarché.

5 • TU SERAIS DU GENRE À COLLECTIONNER...

- des figurines en plastique.
- des chewing-gums mâchés.
- des feuilles d'arbres.

TU TE SENS « MINUSCULE FOURMI », INCAPABLE DE FAIRE BOUGER LES CHOSES ? FAUX ! RAPPELLE-TOI QUE NOTRE PLANÈTE EST COMME UN VAISSEAU SPATIAL, DONT NOUS NE POUVONS PAS NOUS ÉCHAPPER. CHAQUE GESTE COMPTE POUR LE GARDER PROPRE !

6 • LA VOITURE DE TA FAMILLE EST...

- un 4 x 4 avec pare-buffles.
- une routière moyenne.
- un char à bœufs.

7 • LA LUMIÈRE DE TA CHAMBRE, C'EST...

- une bougie en graisse d'ours.
- un halogène.
- une lampe avec ampoule basse conso.

ENVIE DE CALCULER TON EMPREINTE ÉCOLOGIQUE PRÉCISE ? FILE SUR WWW.WWF.FR, LE SITE DE L'ORGANISATION MONDIALE DE PROTECTION DE LA NATURE.

8 • EN HIVER...

- tu hibernes.
- ta chambre est une serre tropicale.
- tu ne quittes jamais ton gros pull.

9 • TU BOIS PLUTÔT DE L'EAU...

- du robinet.
- en poudre.
- d'une bouteille en plastique.

COMBIEN D'HECTARES ?

L'EMPREINTE ÉCOLOGIQUE SE CALCULE EN HECTARES. EN THÉORIE, CHAQUE TERRIEN DISPOSE DE 1,9 HA POUR SATISFAIRE SES BESOINS EN RESSOURCES (NOURRITURE, PÉTROLE, BOIS, MÉTAUX...) ET POUR ABSORBER SES DÉCHETS. MAIS À CAUSE DE LEUR MODE DE VIE, CERTAINS « CONSOMMENT » BIEN PLUS : 5,2 HA POUR UN FRANÇAIS, ET 12 HA POUR UN AMÉRICAIN !

PAR ICI LES RÉSULTATS !

TU AS UNE MAJORITÉ DE

SALUT À TOI, MEMBRE DE LA TRIBU DES PETITS-PIEDS ! AMOUREUX DE LA NATURE, TU CONNAIS DÉJÀ PLEIN DE GESTES POUR CHOUCHOUTER LA PLANÈTE. ET SI TU FAISAIS PARTAGER TON SAVOIR AUX COPAINS ?

TU AS UNE MAJORITÉ DE

DOMMAGE : TU ES UN GRAND-PIED, QUI NE FAIT PAS TRÈS ATTENTION À CE QU'IL CONSOMME, NI À CE QU'IL JETTE. D'ACCORD, CE N'EST PAS TOUJOURS TA FAUTE. RESTE ZEN : CE GUIDE VA T'AIDER À CHANGER TES HABITUDES !

TU AS UNE MAJORITÉ DE

TOI, TU MARCHES UN PEU SUR LA TÊTE ! SYMPA, MAIS POUR UNE FOIS, UN PEU DE SÉRIEUX : SI, SI, L'ÉCOLOGIE, ÇA TE CONCERNE...

3

LE NOMBRE DE TERRES NÉCESSAIRES SI TOUT LE MONDE VIVAIT COMME UN EUROPÉEN.

SUPER
COUCHES POUR TANKER
BLUP BLUP
OPERATIO NATURE PROPRE
TAP TAP
HA, HA ! LES POLLUEURS N'ONT QU'À BIEN SE TENIR !
interdi de polué

2 • DANS TA BULLE

Nous passons plus de la moitié du temps dans notre maison. Raison de plus pour en faire un lieu sain et écologique !

DE L'AIR !

Tu ne vis pas dans un chalet au sommet d'une montagne ? Arrange-toi quand même pour soigner l'atmosphère de ton « petit nid ».

MISSION AIR PUR

L'air de la maison peut être 10 fois plus pollué que celui de l'extérieur. Responsables : les composants chimiques des matériaux ou des peintures, les colles des moquettes, les produits antitaches des tapis, les poussières diverses... Pas envie de respirer ça ? Passe à l'action !

1 AÈRE !

POUR ÉLIMINER LES POLLUANTS ET L'HUMIDITÉ CRÉÉE PAR LA RESPIRATION, OUVRE LES FENÊTRES 15 MIN (MINIMUM !) CHAQUE JOUR.

2 CHASSE LA POUSSIÈRE

SUR LES MEUBLES, LE SOL, EN SUSPENSION DANS L'AIR... ELLE EST PARTOUT ! À DÉGOMMER AVEC UNE ÉPONGE OU UN CHIFFON HUMIDE, OU À FAIRE AVALER À L'ASPIRATEUR.

3 VIS DANS LA JUNGLE

UNE ÉTUDE DE LA NASA A MONTRÉ QUE CERTAINES PLANTES FILTRENT MIEUX L'AIR QUE D'AUTRES. DEMANDE-LES À TON FLEURISTE !

4 PARFUME MALIN

LES PARFUMS D'AMBIANCE (DÉSODORISANTS EN BOMBE, BOUGIES PARFUMÉES, POTS-POURRIS CHIMIQUES) SONT TOXIQUES. IDEM POUR DE NOMBREUX ENCENS ! ESSAIE PLUTÔT...

SACHETS DE LAVANDE, DE VERVEINE, D'HERBES SÈCHES...

BLOCS DE BOIS DE CÈDRE OU DE CADE

DIFFUSEUR D'HUILE ESSENTIELLE (100 % NATURELLE !)

GUERRE AUX ACARIENS

CES MINUSCULES COUSINS DES ARAIGNÉES PULLULENT PAR MILLIONS DANS NOS MAISONS ! ILS SONT MOCHES, ET EN PLUS, LEURS DÉJECTIONS SONT HYPERALLERGISANTES. COMMENT LIMITER LEUR NOMBRE ?

- NE LAISSE PAS TRAÎNER TES HABITS PAR TERRE...
- CHASSE MÉDOR ET MINETTE DE TA CHAMBRE.
- CHANGE DE DRAPS CHAQUE SEMAINE.
- NE SURCHAUFFE PAS (À MOINS DE 25 °C, LA BÊTE NE VIT QUE 1 SEMAINE AU LIEU DE 3).

CONFORT ÉLECTRIQUE

Tu appuies sur un bouton. Magique ! La lumière jaillit, la machine ronronne... Mais ne te prends pas pour le dieu de la foudre : cette énergie ne tombe pas du ciel. Passe à l'action pour ne plus la gaspiller !

1

Change d'ampoules !

Les ampoules *basse consommation* sont plus chères, mais elles consomment 5 fois moins et durent 10 fois plus longtemps.

2

Éteins derrière toi :

ça doit être un réflexe ! Sauf si l'ampoule est une « *basse conso* » et que tu t'absentes 5 min. Là, il est plus malin de laisser allumé.

PARCE QUE SA PRODUCTION FAIT DES DÉGÂTS :

- LES RÉACTEURS DES CENTRALES NUCLÉAIRES GÉNÈRENT DES DÉCHETS RADIOACTIFS.
- LES CENTRALES AU CHARBON OU AU GAZ POLLUENT L'ATMOSPHÈRE.
- LES CENTRALES HYDROÉLECTRIQUES (BARRAGES) BOULEVERSENT L'ÉQUILIBRE DES COURS D'EAU.

3

Supprime l'halogène, ce gros vorace : il consomme autant que 2 gros appareils ménagers et chauffe comme un radiateur.

DEVINE POURQUOI IL VAUT MIEUX...

A • CHOISIR CE QUE TU VEUX AVANT D'OUVRIR LA PORTE DU FRIGO.

B • TE LAVER LES MAINS ET LES DENTS À L'EAU FROIDE.

C • DORMIR DANS DES DRAPS PAS REPASSÉS.

RÉPONSES

A • PLUS TU LE LAISSES OUVERT, PLUS IL « FORCE » ET CONSOMME POUR GARDER LE FROID.

B • PARCE QUE TU RÉDUIS LA CONSOMMATION DU CHAUFFE-EAU.

C • PARCE QU'ILS N'ONT PAS BESOIN DE L'ÊTRE, COMME LES CULOTTES, LES SERVIETTES, ETC. AU PLACARD, LE FER !

4

Ordinateur, télé, chaîne hi-fi... : **ne laisse pas les appareils en veille**. Ce « temps mort » représente jusqu'à 70 % de leur consommation.

5

Profite de la lumière naturelle. C'est la meilleure, et elle est gratuite !

NON MERCI !

SOUVENT, NOS APPAREILS ÉLECTROMÉNAGERS SONT TROP GRANDS, TROP PUISSANTS OU INUTILES. A-T-ON VRAIMENT BESOIN D'UN CONGÉLATEUR OU D'UN FRIGO ÉNORMES, D'UN PRESSE-AGRUMES OU D'UNE FRITEUSE ÉLECTRIQUES ?

95 %

95 % DE L'ÉNERGIE CONSOMMÉE PAR UNE AMPOULE CLASSIQUE SE DISSIPE EN CHALEUR. 5 % SEULEMENT SERT À PRODUIRE LA LUMIÈRE, CONTRE 80 % POUR UNE « BASSE CONSO ».

NI FROID NI CHAUD

Si tu habitais une yourte en Mongolie, tes murs seraient faits d'une couche de laine en été et de 8 couches en hiver. Et dans ta maison, comment réguler la température ?

LE JOUR

LE THERMOMÈTRE AFFICHE LA TEMPÉRATURE DE LA PIÈCE. 19 °C : C'EST PARFAIT. HEP, LES PARENTS : LE THERMOSTAT D'AMBIANCE, C'EST ENCORE MIEUX ! IL DÉCLENCHE LE CHAUFFAGE SEULEMENT QUAND IL Y EN A BESOIN.

LE BOUDIN (EN TISSU !) ÉVITE LES COURANTS D'AIR SOUS LES PORTES. SIMPLE, ET SUPER EFFICACE.

ÇA CAILLE !

Le chauffage le plus écolo... c'est celui qu'on ne consomme pas ! Réduis au moins son utilisation, en dégainant les bonnes armes antifroid.

TU AS BAISSÉ LE CHAUFFAGE DE 1 °C ? BRAVO, C'EST 7 % D'ÉNERGIE ÉCONOMISÉE. SI TU AS FROID, ENFILE UNE PEAU D'OURS OU, SI TU N'EN AS PAS, UN PULL EN LAINE !

BONNE NUIT !

- **BAISSE LE CHAUFFAGE AVANT DE TE COUCHER : 16 °C, ÇA SUFFIT QUAND ON DORT !**
- **FERME LES VOLETS ET LES RIDEAUX.**
- **FRILEUX ? UN BON PYJAMA, DES CHAUSSETTES, UNE COUETTE ÉPAISSE, OUF, ÇA VA MIEUX.**
- **ESSAIE AUSSI LA BOUILLOTTE... RÉTRO, MAIS DÉLICIEUX !**

PENSE À BAISSER LE CHAUFFAGE...
- **DANS LES PIÈCES EXPOSÉES AU SOLEIL.**
- **QUAND TU T'ABSENTES QUELQUES HEURES (MAIS NE L'ÉTEINS PAS !).**
- **QUAND TU AÈRES.**

QUELLE CHALEUR !...

Un climatiseur consomme autant qu'un radiateur électrique, émet un gaz qui contribue au réchauffement de la planète, et t'enrhume s'il est mal réglé. Stop ! Joue-la plutôt comme dans le Sud.

ET LA NUIT ?

OUVRE LES FENÊTRES EN GRAND, POUR FAIRE DES COURANTS D'AIR TRAVERSANT LA MAISON.

LE VENTILATEUR, PORTABLE OU AU PLAFOND, BRASSE L'AIR ET NE CONSOMME PAS TROP... PENSE JUSTE À L'ÉTEINDRE QUAND TU SORS DE LA PIÈCE.

DE L'EAU, MAIS PAS TROP

Elle a été pompée, filtrée, traitée, acheminée par des kilomètres de tuyaux... Mais tu as laissé le robinet ouvert, et elle rejoint l'égout sans avoir servi. Dommage !

DANS LA CUISINE

Hallucine tes parents : fais la vaisselle mieux qu'eux !

1 Remplis l'évier à moitié avec de l'eau tiède.
2 Quelques gouttes de produit, ça suffit !
3 Commence par les choses les moins sales.
4 Pour rincer, un filet d'eau, c'est assez...

ASTUCES

GARDE UNE BASSINE PLEINE D'EAU : PRATIQUE POUR RINCER TES DOIGTS OU TON VERRE.

ENVIE D'EAU FROIDE ? N'ATTENDS PAS QU'ELLE RAFRAÎCHISSE AU ROBINET, CONSERVE UNE BOUTEILLE TOUJOURS REMPLIE AU FRIGO.

LE ROBINET FUIT ? 100 L GASPILLÉS PAR JOUR. EN ATTENDANT LE PLOMBIER, PLACE UN RÉCIPIENT DESSOUS, ET UTILISE L'EAU POUR ARROSER LES PLANTES.

UN ÉCONOMISEUR, KÉSAQUO ?

CE PETIT APPAREIL (MUNI D'UNE GRILLE OU D'UNE HÉLICE) SE FIXE SUR LE ROBINET. QUAND L'EAU COULE, ELLE SE MÉLANGE AVEC DE L'AIR : ON EN UTILISE MOINS. CHER ? MÊME PAS. IL COÛTE DE 2,50 € À 15 €.

PITIÉ POUR L'ÉGOUT !

DANS L'ÉVIER, NE JETTE PAS N'IMPORTE QUOI.

- PEINTURES ET WHITE SPIRIT SE DÉPOSENT À LA DÉCHETTERIE.
- LES MATIÈRES GRASSES (COMME L'HUILE DE FRITURE...) SE RÉCUPÈRENT DANS UN BOCAL, PUIS SE JETTENT AVEC LES DÉCHETS NON RECYCLABLES.

DANS LA SALLE DE BAINS

1

Ferme le robinet pendant que tu te savonnes les mains. Penses-y aussi pendant que tu te brosses les dents (18 litres économisés).

2

Prends une douche : tu consommes 70 l d'eau (contre 150 à 200 l pour un bain)... et seulement 30 l si tu fermes le robinet pendant que tu te savonnes.

LE PETIT COIN

SUR LES 160 L QUE CONSOMME UN FRANÇAIS CHAQUE JOUR, 40 SONT UTILISÉS PAR LA CHASSE D'EAU. POUR LIMITER LE VOLUME DU RÉSERVOIR, PLACE DEDANS UNE BOUTEILLE PLEINE D'EAU.

LE CALCUL QUI TUE

POUR UNE FAMILLE MOYENNE DE 4 PERSONNES...

- QUI TIRE LA CHASSE D'EAU 20 FOIS PAR JOUR,
- QUI PREND 20 DOUCHES ET 8 BAINS PAR SEMAINE,
- QUI UTILISE LE LAVE-VAISSELLE ET LE LAVE-LINGE 5 FOIS PAR SEMAINE,
- QUI ARROSE RÉGULIÈREMENT LE JARDIN,

LA CONSOMMATION MOYENNE S'ÉLÈVE CHAQUE ANNÉE À 350 000 L D'EAU. SOIT PRESQUE LE CONTENU D'UNE PISCINE MUNICIPALE (DE 25 M SUR 10) !

NON MERCI !

LAVER LA VOITURE ? PRÈS DE 200 L GÂCHÉS ! ATTENDS PLUTÔT QU'IL PLEUVE, ET UTILISE DE L'EAU DE PLUIE.

MAISON SANS POISON

« Fraîcheur marine », « Senteur des bois »… Tu parles ! La plupart des produits ménagers ou cosmétiques ne sont en fait que des produits chimiques.

TANTE GERMAINE

C'est la maniaque du ménage, l'acharnée du psscht-psssscht ! Ses produits : hyperpuissants. Résultat : sa maison est polluée, et elle rejette dans l'eau des déchets toxiques.

EAU DE JAVEL : BOF !
IL N'Y A QU'EN FRANCE QU'ON EN CONSOMME AUTANT. ELLE N'EST POURTANT PAS INDISPENSABLE, ET DÉTRUIT LES BACTÉRIES UTILES DE LA STATION D'ÉPURATION…

PRODUIT VITRES : ATCHOUM !
EN LE VAPORISANT, ON RESPIRE SES COMPOSÉS NOCIFS. AVEC DU VINAIGRE BLANC (DILUÉ DANS 50 % D'EAU), ÇA BRILLE FORT !

BEAUTÉ NATURE

LAISSE TOMBER LES PRODUITS HYPERCOLORÉS OU ULTRA-PARFUMÉS : CHIMIQUES ! POUR TE LAVER, UTILISE UN SAVON 100 % VÉGÉTAL EN PAIN PLUTÔT QU'EN GEL. ET COMME SHAMPOING, LE SAVON DE MARSEILLE, C'EST TRÈS BIEN.

ATTENTION, DANGER !

DANGEREUX POUR LA SANTÉ OU L'ENVIRONNEMENT, INFLAMMABLES, EXPLOSIFS… : DE NOMBREUX FLACONS PORTENT UNE ÉTIQUETTE ORANGE DE MISE EN GARDE. LA MEILLEURE SOLUTION : N'ACHETER AUCUN DE CES PRODUITS CHIMIQUES !

DÉBOUCHEUR : NON !
IL EST FAIT À BASE DE SOUDE CAUSTIQUE, UN DÉCAPANT ULTRA-PUISSANT QUI RONGE TOUT ET EMPOISONNE L'EAU. UNE VENTOUSE, C'EST PLUS EFFICACE.

TOILETTES BLEUES : JAMAIS !
LES PRODUITS QUI COLORENT L'EAU EN « BLEU LAGON » SONT NOCIFS ET INUTILES. TANTE GERMAINE, PARS PLUTÔT EN VACANCES À TAHITI !

PRISE INSECTICIDE : STUPIDE !
RESPIRER UN AIR OÙ DES MOUSTIQUES TOMBENT RAIDES MORTS ? NON MERCI. AUTRES SOLUTIONS : L'ESSENCE DE CITRONNELLE OU LA MOUSTIQUAIRE.

PRODUITS MIRACLES

Tout simples (et pas chers !), ils remplacent la plupart des machins très sophistiqués.

Le chiffon microfibres

Il nettoie tout, avec seulement de l'eau tiède. Une fois sale, hop ! à la machine, et c'est reparti.

Le savon de Marseille

Idéal pour la lessive et la vaisselle. Pour le sol, on utilise du savon noir. Ça désinfecte et ça sent bon !

Le bicarbonate de soude

Il est utile à tout : désodoriser le frigo, fabriquer des boissons gazeuses, prendre un bain relaxant, blanchir les dents, et encore mille autres choses !

Le vinaigre blanc (d'alcool)

Il dégraisse la vaisselle, détartre les robinets et désinfecte les toilettes. Et mélangé à du sel fin, c'est une super-crème à récurer !

TA POUBELLE : AU RÉGIME !

Je jette, tu jettes, il jette... Puis le camion passe. Ainsi, nous ne voyons jamais la montagne de déchets produite jour après jour !

QU'EST-CE QUE TU JETTES ?

Chaque jour en moyenne, tu produis 1,10 Kg de déchets. La plupart sont recyclables, à condition d'être (bien) triés ! Ta ville a peut-être mis en place le ramassage sélectif. Sinon, c'est à toi d'aller aux conteneurs.

30 %

PAPIERS ET CARTONS

LE PAPIER EST DÉSENCRÉ, RÉDUIT EN BOUILLIE, PUIS TRANSFORMÉ À NOUVEAU EN PAPIER JOURNAL, ESSUIE-TOUT, PAPIER-TOILETTE... LE CARTON, LUI, REDEVIENT DU CARTON !

30 %

DÉCHETS ORGANIQUES

NOURRITURE, FEUILLES, HERBES... QUAND ON A UN JARDIN, ON PEUT RÉCUPÉRER LES DÉCHETS POUR FAIRE DU COMPOST.

11 %

PLASTIQUE

IL EXISTE 90 PLASTIQUES DIFFÉRENTS. MAIS SEULS LES BOUTEILLES ET LES FLACONS SONT RECYCLABLES.

2 BONNES HABITUDES

- LES SACS DE COURSES : 17 MILLIARDS FABRIQUÉS CHAQUE ANNÉE EN FRANCE. TEMPS D'UTILISATION MOYEN : 20 MIN. ILS SONT ENSUITE INCINÉRÉS ET POLLUENT L'ATMOSPHÈRE... REFUSE-LES ET UTILISE DES SACS EN PAPIER OU EN AMIDON DE MAÏS (BIODÉGRADABLES !).
- LES PILES CONTIENNENT DES MÉTAUX TOXIQUES. NE LES JETTE JAMAIS À LA POUBELLE : DÉPOSE-LES DANS LES BOÎTES DE COLLECTE. DIRECTION : LE RECYCLAGE !

C'EST QUOI, LA DÉCHETTERIE ?

C'est l'endroit où l'on porte les gravats, la ferraille, les appareils ménagers hors d'usage… Ils sont triés puis orientés vers des filières de traitement spécialisées.

RECYCLER, C'EST BIEN, MAIS IL FAUT COLLECTER LES DÉCHETS, LES TRANSPORTER JUSQU'À L'USINE, LES LAVER PUIS TRAITER L'EAU… LA SEULE SOLUTION, C'EST VRAIMENT DE JETER MOINS !

2 MILLIONS DE TONNES DE DÉCHETS MÉNAGERS SONT REJETÉES DANS LE MONDE CHAQUE JOUR… SOIT LE POIDS DE **200** TOURS EIFFEL !

10 %

MÉTAUX

AVEC 670 CANETTES EN ALUMINIUM, ON PEUT FABRIQUER UN VÉLO. ET AVEC 19 000 BOÎTES DE CONSERVE EN ACIER, UNE VOITURE !

10 %

VERRE

LE VERRE EST RECYCLABLE À L'INFINI. IL EST PILÉ ET REFONDU AVEC DU VERRE NEUF POUR REDEVENIR BOUTEILLE, BOCAL…

9 %

DIVERS, DONT 3 % : TEXTILES

LES TEXTILES SE CHANGENT EN MATÉRIAUX DE REMBOURRAGE, D'ISOLATION OU EN PAPIER.

OÙ VONT LES DÉCHETS NON RECYCLABLES ?

À l'usine d'incinération ! La chaleur des incinérateurs sert à chauffer des maisons, à produire de l'électricité… Problème : 100 kg d'ordures produisent 25 kg de cendres (le mâchefer), qu'il faut enfouir dans un centre de stockage.

LES JOURS OÙ IL N'Y A PAS DE VENT, ÇA VA !
FLAP
?
MAIS DÈS QU'IL SE LÈVE, ÇA COMMENCE !
FLAP
FLAP
J'EN AI MARRE DES ! QUI JETTENT LEURS DÉCHETS DANS LA NATURE !
FLAP
EN PLUS...
FLAP
GRRR !
... JE DISAIS : EN PLUS, UN SAC MET JUSQU'À 1 000 ANS À SE DÉCOMPOSER.
LA PREUVE !
Godefroid & Cie
armures, ponts-levis ...
travaux soignés

3 • LE NEZ DEHORS

Tu habites une maison, mais aussi une ville, une région… De cercle en cercle, emmène avec toi tes bons réflexes écolos !

UN JARDIN NATURE

Gazon tondu ras, fleurs en rangs, haies monotones… C'est triste ! Ton petit coin de planète à toi, fais-en plutôt un mini-paradis plein de vie.

À LA BONNE FLEUR !

Plante des mélanges de fleurs des champs, riches en nectar et en pollen. Bzz, les abeilles (indispensables à la reproduction des plantes) te disent merci !

FAIS TON COMPOST

TRANSFORME TES DÉCHETS EN UN PRÉCIEUX ENGRAIS !

POSE DES BRANCHES AU FOND, PUIS DÉPOSE LES DÉCHETS EN FINES COUCHES.

VERSE UN PEU DE FUMIER, MOUILLE SI C'EST SEC : LE MÉLANGE FERMENTE ET CHAUFFE.

EN 3 À 6 MOIS, IL NE RESTE PLUS QUE DE L'HUMUS, IDÉAL POUR LES CULTURES.

ON MET AU COMPOST :

- ÉPLUCHURES, OS, RESTES DE NOURRITURE,
- HERBES COUPÉES, FEUILLES MORTES,
- CENDRES, COPEAUX DE BOIS,
- ESSUIE-TOUT, MARC DE CAFÉ, SACHETS DE THÉ,
- FLEURS FANÉES.

L'EAU DU CIEL

Recueille l'eau de pluie dans un gros bidon placé au milieu du jardin ou (encore mieux) sous une gouttière. Au fait, avant d'arroser, consulte toujours la météo : s'il pleut le lendemain, tu auras l'air fin !

2 ALLIÉS DU JARDINIER

LA COCCINELLE : ELLE DÉVORE JUSQU'À 100 PUCERONS PAR JOUR !

LE VER DE TERRE : IL AÈRE LE SOL ET LE REND PLUS FERTILE.

BOSQUET-SURPRISE

Non aux « murs végétaux » d'une seule espèce, comme le thuya ou le laurier ! Une vraie haie se compose d'un mélange d'arbustes, à choisir en fonction de ta région. Un abri idéal pour de nombreux animaux...

JOLIE PRAIRIE

Un gazon, ça réclame des soins maniaques et des produits chimiques. Choisis plutôt un mélange à prairie, où s'abriteront plein de petites bêtes. Quand tu tonds, commence toujours par le centre, pour leur permettre de s'échapper !

DÉSHERBER FACILE

Arracher les « mauvaises herbes » ? 5 min par jour ! En même temps, on enlève les larves et les chenilles... Autre solution : verser de l'eau bouillante au pied des plantes. Gare à tes pieds !

EN FRANCE, LES JARDINIERS AMATEURS CONSOMMENT (INUTILEMENT) 8 000 TONNES DE DÉSHERBANTS, PESTICIDES ET ENGRAIS CHIMIQUES PAR AN. ILS SONT RESPONSABLES D'UN QUART DE LA POLLUTION DE L'EAU !

TON ARCHE DE NOÉ

Si tu partageais ton jardin (et ta maison) avec quelques visiteurs sauvages ? Apprends à les connaître, tu découvriras combien ils sont sympas... et utiles !

LES OISEAUX

Chouette, hirondelle, rouge-gorge, merle, mésange...
Des dizaines d'espèces peuvent venir nicher au printemps.
Comment les attirer ?

- Pour ceux qui construisent leur nid, laisse traîner des matériaux : brins de laine, herbes sèches, paille...
- D'autres espèces utiliseront des nichoirs, que tu peux acheter ou construire.
- Des plantes grimpantes sur un mur seront un paradis pour certains.

BIENVENUE !

POUR QUE DES ANIMAUX VIENNENT S'INSTALLER CHEZ TOI, IL FAUT :

- AMÉNAGER AU MOINS UN TROU (DE 20 CM) DANS LE GRILLAGE OU LE MUR DE CLÔTURE ;
- SURVEILLER LES ANIMAUX DOMESTIQUES (SURTOUT LE CHAT) ;
- NE JAMAIS UTILISER DE POISONS, GENRE ANTILIMACES.

HÉRISSON = mignon + glouton

La nuit, il se goinfre de limaces, cloportes ou larves. Tu veux lui offrir un abri ? Aménage une petite cabane avec une entrée étroite, faite d'un morceau de tuyau de gouttière.

LES CHAUVES-SOURIS

Les plus communes sont les minuscules pipistrelles. Très utiles ! Chaque nuit, une pipistrelle consomme 1/4 de son poids en moustiques et autres insectes.

PLOUF !

Créer une mare ? Facile : un trou creusé en contrebas d'un terrain (pour récupérer l'eau de pluie), une couche d'argile (étanche), quelques plantes provenant d'une autre mare. Après quelques mois, tu y verras des grenouilles, des salamandres, des insectes aquatiques...

SOS ANIMAUX !

NE LAISSE JAMAIS UN TROU INUTILE DANS LE SOL : LES PETITS ANIMAUX PEUVENT Y TOMBER ET MOURIR DANS CE PIÈGE. TU AS UNE PISCINE ? FAIS UNE RAMPE DE SECOURS AVEC UNE PLANCHE, POUR SAUVER LES ÉTOURDIS QUI POURRAIENT Y TOMBER.

LES REPTILES

Un parpaing creux ou un pot de fleurs retourné sont très appréciés des lézards, pour la chaleur et l'abri !

ANIMAUX DOMESTIQUES

Tous les animaux sont « écolos » ! Certains maîtres, en revanche, font vraiment n'importe quoi. Pas toi, bien sûr...

IRRESPONSABLE

Oh ! le joli bébé tortue de Floride... Adulte, la voici devenue un « monstre » de 25 cm de long, qui réclame un maxi-aquarium. Résultat : des dizaines de milliers ont été relâchées dans la nature, où elles prennent la place de la cistude, une espèce locale. Conclusion : quand on adopte un animal, on le garde !

AVANT D'ADOPTER

Réfléchis bien à ce que tu fais, pour lui comme pour toi. Un saint-bernard dans un petit appartement sera malheureux, un chat a besoin de se faire les griffes...

NON AUX NAC

LES NOUVEAUX ANIMAUX DE COMPAGNIE SONT À LA MODE. SCANDALEUX !

- À FORCE D'ÊTRE CAPTURÉES, CERTAINES ESPÈCES EXOTIQUES SONT MENACÉES.
- 50 % À 90 % DES ANIMAUX MEURENT AVANT D'ARRIVER À L'ANIMALERIE.
- POUR KIDNAPPER LES BÉBÉS SINGES, LES TRAFIQUANTS TUENT D'ABORD LEUR MÈRE.
- LES REPTILES RÉCLAMENT DES SOINS TRÈS PARTICULIERS. SINON, ILS MEURENT TRÈS VITE.
- LES POISSONS EXOTIQUES (DONT LES POISSONS-CLOWNS) SONT PARALYSÉS AU CYANURE LORS DE LEUR CAPTURE. 80 % EN MEURENT, ET LE POISON SE RÉPAND DANS LA MER.

OUAF !

- Sors ton chien (au moins) 2 fois par jour, tenu en laisse.
- Rien qu'à Paris, les chiens produisent 10 tonnes de crottes par jour. Beurk !
- Apprends le caniveau au tien, ou ramasse : il existe des pinces et des sacs exprès.

MIAOU...

- Évite la litière parfumée, et choisis-la biodégradable. Encore plus nature : le sable, la sciure, le foin.
- Jette ses crottes aux toilettes, pas à la poubelle.
- Les chats tuent chaque année 5 millions d'oiseaux en France... Et si tu lui mettais un collier avec 2 clochettes ?

ASTUCES ANTI-PUCES

LES PRODUITS QUI PROTÈGENT TON ANIMAL DES PARASITES PENDANT PLUSIEURS SEMAINES... OUBLIE-LES ! ILS SONT TOXIQUES POUR LUI ET POUR TOI. PLUS MALIN : UN BROSSAGE RÉGULIER AVEC UN PEIGNE SPÉCIAL, UN BAIN AVEC UN SAVON TRÈS DOUX, 2 GOUTTES D'HUILE ESSENTIELLE (À MANIPULER PAR UN ADULTE !) DE LAVANDE OU DE CITRON SUR LE COLLIER...

À TABLE, LES ANIMAUX !

PÂTÉES EN BOÎTE ET CROQUETTES SONT FABRIQUÉES AVEC DES DÉCHETS ANIMAUX : PAS TERRIBLE ! PRÉPARE-LEUR PLUTÔT UNE VRAIE GAMELLE AVEC DES RESTES DE VIANDE OU DE POISSON (PAS TROP GRAS), MÉLANGÉS À DU RIZ ET DES LÉGUMES VERTS.

PETITS TRAJETS

Chaque jour, nous nous déplaçons pour aller à l'école, au travail, à la piscine, chez des amis… Tu es un vrai écolo ? C'est l'occasion de le prouver !

SOLUTIONS « ZÉRO POLLUTION »

La marche à pied

Pour faire 500 m à pied, il faut seulement 6 min. Marcher muscle le cerveau et oxygène les fesses (à moins que ce ne soit l'inverse ?)…

Roller, planche, trottinette

Le moyen le plus « fun » de se déplacer en ville. Mais sois prudent, et fais attention aux piétons. Sur le trottoir, ils ont priorité !

Le vélo

Sur les pistes cyclables, on va vite, sans se soucier des embouteillages. Et comme on est en hauteur, on respire aussi moins de gaz d'échappement.

LES TRANSPORTS EN COMMUN

Le bus

Il consomme 5 fois moins d'énergie par passager qu'une voiture. Et il roule bien plus vite, grâce aux couloirs réservés.

Le tramway

Encore mieux : il consomme 15 fois moins d'énergie par passager qu'une voiture.

Le métro

C'est le plus rapide de tous. Il file à 30 km/h à Paris, presque 2 fois plus vite qu'une voiture.

BOÎTE À ROULETTES

Encombrante, bruyante, dangereuse...
En plus, ses gaz d'échappement
sont responsables de 75 % de la pollution de l'air,
avec des conséquences sur notre santé.
Bref, pour un écolo, la voiture
en ville, c'est l'ennemi n° 1 !

FAIS CIRCULER L'INFO

- ★ EN VILLE, LA MOITIÉ DES TRAJETS EFFECTUÉS EN VOITURE FONT MOINS DE 3 KM.
- ★ SUR LE PREMIER KILOMÈTRE, LE TEMPS QUE LE MOTEUR CHAUFFE, UNE VOITURE POLLUE 4 FOIS PLUS.
- ★ UN EXCITÉ DU VOLANT CONSOMME 1/3 D'ESSENCE EN PLUS QU'UN CONDUCTEUR COOL...

Le 4 X 4 : gros tas de boue !

Tu vois souvent passer en ville d'énormes 4 X 4 avec des pare-buffles à l'avant. Pour une fois, tu as le droit de montrer du doigt le conducteur : il est ridicule, et il rejette 40 % de gaz d'échappement en plus. La honte !

IDÉE !

PRENDS UNE CARTE DE TA VILLE, PLANTE LA POINTE D'UN COMPAS SUR TA MAISON, ET VISUALISE DIFFÉRENTS CERCLES : À 500 M, À 1 KM, ETC.
ET TOI, JUSQU'OÙ ES-TU PRÊT À ALLER SANS UTILISER AUCUN TRANSPORT POLLUANT ?

GRANDS TRAJETS

Pour partir en week-end à la mer… ou à l'autre bout du monde, il faut un moyen de transport. Parfois, on ne peut pas choisir. Sinon, autant emprunter le « moins pire » !

SUPER NUL

Au secours, il pollue les vacances de tout le monde !

1 Il démarre avant que tout le monde soit monté, en faisant vrombir le moteur.

2 Voiture surchargée, pneus sous-gonflés : Super Nul est sûr de consommer un max d'essence.

3 Les conseils de Bison Futé ? C'est pas pour lui ! Super Nul part aux heures de pointe, puis passe des heures dans les embouteillages, à conduire par à-coups en s'énervant…

LA CLIM, GROSSE GOURMANDE

Surconsommation moyenne de carburant : 30 % en ville, 15 % sur la route.
Idées pour l'utiliser moins et mieux…

- Stationner à l'ombre si possible.
- Évacuer la chaleur de l'habitacle avant de brancher la climatisation.
- Se limiter à une différence de 5 °C avec la température extérieure.

Rouler toutes vitres ouvertes ? Mauvaise solution : la voiture perd de l'aérodynamisme, et consomme plus aussi !

L'AVION : GROS GOURMAND !

D'accord : il n'y a parfois pas d'autre façon d'aller quelque part. Mais savais-tu que...

- À distance égale, l'avion émet 300 fois plus de CO_2 que le train.
- Décollage et atterrissage sont les plus voraces en kérosène. Sur un vol court, la consommation moyenne par passager est donc très élevée.

ENCORE MOINS POLLUANT QUE LE TRAIN, LE PAQUEBOT. MAIS IL N'EXISTE QUE SUR TRÈS PEU DE DESTINATIONS, ET IL FAUT AVOIR LE TEMPS.

CHOISIS LE TRAIN !

- Il est moins polluant, mais aussi moins cher, moins dangereux et moins fatigant que l'avion.
- Il permet d'arriver au cœur des villes et fait souvent gagner du temps.
- La SNCF propose aussi un service « mineur non accompagné » dans certains trains. Renseigne-toi !

IL Y A EN PERMANENCE 1 MILLION DE PASSAGERS DANS LE CIEL. CHAQUE ANNÉE, PRÈS DE 2 MILLIARDS DE GENS PRENNENT L'AVION.

VILLE SANS STRESS

Vivre en ville, ce n'est pas forcément l'enfer. Mais il reste encore beaucoup de travail pour réduire les principales nuisances...

60

VERS 2030, 60 % DE LA POPULATION MONDIALE VIVRA EN VILLE (CONTRE 30 % EN 1950).

LE TOIT VÉGÉTALISÉ

Un toit, c'est de la place perdue. Si on en faisait plutôt un jardin ? Sur une surface étanche, on installe un sol minéral, pour accueillir mousses, lichens et plantes diverses. Ce tapis isole du chaud et du froid, filtre le gaz carbonique, attire les animaux, et retient jusqu'à 50 % de l'eau de pluie, qui, en s'évaporant, rafraîchit l'atmosphère !

L'ÉCHELLE

(EN DÉCIBELS)

120 ....

100 ....

90 ....

80 ....

70 ....

50 ....

40 ....

20 ....

LA POLLUTION VISUELLE

Les médecins le disent : les choses laides ou criardes fatiguent l'organisme. Le pire, ce sont les grandes zones commerciales avec leurs immenses parkings, leurs publicités criardes, leurs bâtiments moches... La solution écolo : y aller le moins possible ! Le week-end, va plutôt voir une expo ou te balader au calme.

LES ESPACES VERTS

Squares, parcs, bords de rivière... Nous avons besoin de ces havres de paix. Surprises : à Paris, les bois de Boulogne ou de Vincennes comptent plus de 300 espèces de plantes, et à Lyon, des castors vivent en pleine ville !

LA ZONE PIÉTONNE

Presque toutes les villes ont la leur ! Moins de pollution et de bruit, ouf, ça fait du bien...

GARE AUX OREILLES !

Le bruit est considéré par 40 % des citadins comme le principal fléau des villes. Les solutions ? Réduire les bruits de chantier, de collecte d'ordures, de ventilation... Et bien sûr, le trafic automobile. Au fait, le scooter « trafiqué », c'est NOOOOON !

DU BRUIT

SEUIL DE DOULEUR (AVION AU DÉCOLLAGE)

DANGEREUX (BALADEUR À FOND)

FATIGANT (CANTINE SCOLAIRE)

GÊNANT (RUE À GROS TRAFIC)

SUPPORTABLE (RUE RÉSIDENTIELLE)

COURANT (CONVERSATION)

CALME (FORÊT LE JOUR)

SEUIL D'AUDITION (VENT LÉGER)

LE BON EXEMPLE

AU BRÉSIL, LA VILLE DE CURITIBA DONNE DEPUIS 1975 L'EXEMPLE D'UN BON AMÉNAGEMENT DE L'ESPACE URBAIN. TRANSPORTS EN COMMUN EFFICACES, DÉCHETS BIEN GÉRÉS, VASTES ESPACES VERTS, TERRAINS CONSTRUCTIBLES VENDUS À BAS PRIX AUX PLUS PAUVRES : UN MODÈLE QUI INSPIRE DE PLUS EN PLUS DE VILLES DANS LE MONDE !

7 CHOSES FACILES À FAIRE

Dans ta maison, ta rue ou ton quartier, tu peux agir pour améliorer ta qualité de vie et celle des autres, en étant plus doux avec ta planète...

★ Encourage le covoiturage

École, sport... Tes parents t'y emmènent en voiture. Si tu as un copain qui fait le même trajet, c'est mieux de partager le transport à tour de rôle. Tout le monde est gagnant : les parents, et les enfants qui trouvent ça plus sympa !

★ Lance un concours

Tu as des copains dans ta rue, tu connais un peu les voisins... Organise un concours ! De quoi ? Du plus beau nichoir à oiseaux, de la plus jolie haie... Grâce à toi, le quartier devient plus accueillant.

★ Sème des p'tits mots

Sur la boîte aux lettres : « PAS DE PUB, MERCI ! »
Au-dessus des poubelles : « TRIEZ, SVP ! »
Au-dessus des robinets : « FERME-MOI VITE ! »
Sur le frigo : « CHOISIS AVANT DE M'OUVRIR ! »...

★ Plante un arbre

C'est un beau symbole : il grandira en même temps que toi, et t'accompagnera toute ta vie. Un à chaque anniversaire ou un tous les 5 ans : tout dépend de la taille de ton jardin !

★ Compte les points

Dans la maison, chacun fait un effort. Objectif : faire baisser de 10 % les factures d'électricité, d'eau, de gaz... Gagné : hop, avec les sous économisés, toute la famille va au ciné !

★ Partage ta science

Un vrai écolo... n'est jamais barbant, ni donneur de leçons. Tu remarques un geste idiot ? Explique à la personne pourquoi elle devrait changer d'attitude... Avec un sourire, le message passera 10 fois mieux.

★ Tiens-toi au courant

Un vrai écolo... est un écolo bien informé ! Des idées : t'abonner à un magazine nature, aux listes de diffusion de tes sites Internet préférés, emprunter des livres à la bibliothèque, et bien sûr suivre les infos.

ALORS COUSIN, C'EST LÀ QUE TU T'ES INSTALLÉ ?
OUI ! QU'EST-CE QUE TU EN PENSES ?
VROOM
KOF
KOF KOF
D'ACCORD, IL Y A DES INCONVÉNIENTS !
TAP TAP
MAIS IL Y A AUSSI DES AVANTAGES ! VIENS, ON NE VA PAS TRAÎNER LÀ !
KOF KOF
Aire de Waka-Jawaka
300 m
C'EST PEUPLÉ CHEZ TOI !
OUI ! C'EST À CAUSE DE LA DISPARITION DES HAIES DANS LES CAMPAGNES, ALORS TOUS LES ANIMAUX VIENNENT SE RÉFUGIER LÀ !
TIENS, GOÛTE ! C'EST DU BIO ! ICI, PAS D'HERBICIDES NON PLUS !
ET ÇA, C'EST UN PASSAGE POUR LES ANIMAUX, POUR POUVOIR PASSER DE L'AUTRE CÔTÉ !
FINALEMENT, C'EST PAS SI MAL L'AUTOROUTE ! IL FAUDRAIT JUSTE Y INTERDIRE LES VOITURES !

4 • CONSOMME MALIN

Tu as un super-pouvoir
pour agir sur l'état de ta planète :
celui de choisir ce que tu achètes !

BESOIN OU ENVIE ?

Consommer, toujours consommer : on voudrait nous faire croire que c'est indispensable... Stop ! Et si on s'arrêtait 5 minutes pour réfléchir ?

TEST : QUEL CONSOMMATEUR ES-TU ?

1 • CETTE MONTRE FAIT AUSSI RADIO ET THERMOMÈTRE.

A • Trop cool ! Il me la faut...
B • La mienne donne l'heure, et ça me suffit.

2 • IL Y A UN FRISBEE OFFERT AVEC LES CÉRÉALES SCROUNTCH...

A • Tu sautes sur le paquet, tu veux le Frisbee !
B • Tu prends les Scritch : ce sont celles que tu préfères.

3 • TU ESSAIES UN NOUVEAU SPORT.

A • Vite ! Il te faut la tenue complète, comme les champions !
B • Tu t'équipes au minimum, en attendant de voir si ça te plaît vraiment.

4 • COMBIEN POSSÈDES-TU DE PAIRES DE BASKETS ?

A • Trois ou quatre.
B • Une, pourquoi ?

5 • À TON AVIS, UN PRODUIT BIODÉGRADABLE...

A • Se décompose tout seul et ne pollue pas.
B • Reste un déchet dont il faut limiter le volume.

6 • ON TE PROPOSE DE TE DONNER UN VÉLO

A • Non merci, tu préfères en avoir un neuf.
B • Super, tu vas le remettre à neuf.

40 000

Le nombre de publicités que tu vois ou entends chaque année.

- LES SEL (SEL = SYSTÈME D'ÉCHANGE LOCAL) SONT DES GROUPES DE PERSONNES QUI ÉCHANGENT DES OBJETS, DES SERVICES OU DES SAVOIRS. TU ME TRICOTES UN PULL ? JE T'APPRENDS À PARLER ESPAGNOL !
- LA JOURNÉE SANS ACHATS, LANCÉE EN 1991 PAR DES CANADIENS, A LIEU UN SAMEDI À LA FIN NOVEMBRE. TA FAMILLE SERAIT-ELLE CAPABLE DE RELEVER LE DÉFI ?

CHAQUE OBJET COMPTE

Pose-toi les bonnes questions avant d'acheter un objet : sa fabrication était-elle polluante (matières premières, énergie, emballage, transport...) ? Son utilisation est-elle polluante ? Sera-t-il facile à recycler une fois jeté (car tout finit en déchet) ?

PAR ICI LES RÉSULTATS !

TU AS UNE MAJORITÉ DE A

TU ES PLUTÔT CIGALE. « TOUJOURS PLUS ! » C'EST TA DEVISE. MAINTENANT, RÉPONDS FRANCHEMENT : Y A-T-IL PLUS DE 5 OBJETS AUXQUELS TU TIENS VRAIMENT ?

TU AS UNE MAJORITÉ DE B

TU ES PLUTÔT FOURMI. CONSOMMER, SUIVRE LA MODE ET LA PUB... BOF. TU PRÉFÈRES TE FAIRE TON OPINION TOI-MÊME. BRAVO ! IL FAUT ÊTRE FORT POUR NE PAS ÊTRE UN « MOUTON ».

TOUS ENSEMBLE, ON PEUT CHANGER !

La loi du marché est simple : il faut donner aux clients ce qu'ils réclament. Plus de consommateurs écolos, cela signifie donc... plus de produits écolos, et moins chers !

7 BONNES HABITUDES

Stop à l'« *Homo gaspillens* » ! Agir pour l'environnement, ça commence aussi devant les rayons du supermarché. Tu veux des idées ? En voilà !

1 JE FAIS UNE LISTE

Pour ne rien oublier d'essentiel, rédige **la liste des courses** avant de partir. Elle t'évitera aussi d'acheter ce que tu as déjà (surtout les produits frais) et de gaspiller. Et ne fais pas les courses le ventre vide, ou tu auras envie de tout !

2 JE BOIS DE L'EAU DU ROBINET

En France, nous jetons 6 milliards de bouteilles d'eau en plastique par an. Stop ! Transporter toute cette eau, ça coûte cher et ça pollue. Solution : **boire l'eau du robinet.** Pour améliorer son goût et sa qualité, différents types de filtres existent.

3 J'ÉVITE LE JETABLE

Au secours, les déchets ! Liste de produits à boycotter au maximum :

- papier essuie-tout (un coup d'éponge, ça suffit !),
- lingettes ménagères (elles sont ultra-polluantes),
- vaisselle en plastique,
- appareil photo jetable (même si le boîtier est recyclé).

4 J'ÉVITE LES PRODUITS NOCIFS

L'habitude est vite prise : quand on connaît les dangers des produits, il est facile de se passer d'insecticides, de désherbants, d'engrais, de décapants, de nettoyants W.-C., de parfums d'ambiance, de piles jetables, etc.

5 JE FAIS ATTENTION AUX EMBALLAGES

- Privilégie le verre et le carton (sains et recyclables) plutôt que le plastique.
- 1 paquet de 1 kg, c'est 2 fois moins d'emballage que 2 paquets de 500 g.
- N'achète pas de produits en mini-emballages. En plus, ils sont hyperchers au kilo !

6 J'ACHÈTE EN VRAC

Les légumes ou les fruits en barquettes ? Non merci ! Pour limiter les emballages, achète aussi en vrac : céréales, fruits secs, fromage, viande...

7 JE LIS L'ÉTIQUETTE

Lis la composition des aliments, renseigne-toi sur les colorants, les conservateurs, les révélateurs de goût... Apprends à lire les logos (pages 54-55).

DANS TON ASSIETTE

« Tu es ce que tu manges », dit-on souvent. Alors, tu préfères être une grosse sucrerie chimique ou une p'tite pomme aux joues rouges ?

FRUITS ET LÉGUMES

Choisis-les plutôt...

Frais : ils ont consommé moins d'énergie qu'en conserve ou surgelés.

Locaux : ils ont nécessité peu de transport, et ont été cueillis à maturité.

De saison : ce sont eux dont ton corps a besoin à ce moment de l'année.

MONSTRUEUX FRIGO

Rempli à ras bord ? Beurk ! Surchargé, le frigo augmente sa consommation et garde moins bien les aliments. Il est aussi plus sale, et les bactéries adorent s'y développer.

VIANDE ET POISSON

Évite d'en manger à chaque repas : c'est inutile pour ta santé et cela épuise la nature. On peut les remplacer par des œufs, du fromage ou un mélange de céréales (riz, boulgour) complétés par une légumineuse (lentilles, haricots, pois cassés...).

LE POURCENTAGE DE NOURRITURE ACHETÉE QUI FINIT À LA POUBELLE : ASSIETTES PAS FINIES, PAIN RASSIS, PRODUITS PÉRIMÉS...

25 %

LE BIO, C'EST QUOI ?

En agriculture biologique, aucun produit chimique (engrais, pesticides, antibiotiques) n'est employé pour cultiver les plantes, nourrir et soigner les animaux. Résultats : les sols sont préservés, l'air et l'eau ne sont pas pollués. Et toi, tout au bout de la chaîne, tu manges des produits de qualité qui ont souvent bien meilleur goût !

LES OGM, C'EST QUOI ?

Un organisme génétiquement modifié est une plante ou un animal dont on a modifié les gènes pour le rendre plus résistant à une maladie, à un insecte, etc. Problème : les effets des OGM sur la santé sont mal connus. Depuis 2004, il y a obligation de faire figurer sur les emballages la mention « produit à partir de maïs, soja, colza... génétiquement modifié ». Mais seulement si l'aliment contient plus de 0,9 % d'OGM !

LA SAGA DES LOGOS

Tu vois souvent ces petits sigles sur les emballages de toutes sortes de produits. Apprends à les reconnaître, et sois sûr d'une chose : tu peux leur faire confiance !

LES PRODUITS NON ALIMENTAIRES

CRÉÉ EN 1991, L'ÉCOLABEL FRANÇAIS CONTRÔLÉ PAR L'ÉTAT EST ATTRIBUÉ AUX PRODUITS QUI POLLUENT LE MOINS POSSIBLE, À LA FABRICATION COMME À L'USAGE. DES TESTS SÉVÈRES DOIVENT LE PROUVER !

L'ÉCOLABEL EUROPÉEN GARANTIT QU'UN OBJET RESPECTE L'ENVIRONNEMENT TOUT AU LONG DE SON CYCLE DE VIE.

L'ALIMENTAIRE

DÉLIVRÉ PAR LE MINISTÈRE DE L'AGRICULTURE, LE LOGO AB SIGNALE LES PRODUITS CONTENANT AU MINIMUM 95 % D'INGRÉDIENTS ISSUS DE L'AGRICULTURE BIOLOGIQUE.

CRÉÉE EN 1964, L'ASSOCIATION NATURE ET PROGRÈS EST LA PIONNIÈRE DE L'AGRICULTURE BIOLOGIQUE EN FRANCE.

C'EST LE LABEL OFFICIEL DE L'UNION EUROPÉENNE.

COMMERCE ÉQUITABLE

PRÉSENTE DANS 17 PAYS, CETTE ORGANISATION GARANTIT QUE LES PRODUITS ONT ÉTÉ FABRIQUÉS EN RESPECTANT LES NORMES DU COMMERCE ÉQUITABLE : ASSURER UNE JUSTE RÉMUNÉRATION DU TRAVAIL DES PRODUCTEURS ET ARTISANS, ET SOUTENIR LES POPULATIONS LOCALES.

ÉNERGIE

RÉCEMMENT APPARU EN EUROPE, LE LABEL ENERGY STAR DISTINGUE LES APPAREILS ÉLECTRIQUES LES MOINS GOURMANDS EN ÉLECTRICITÉ.

L'ÉTIQUETTE ÉNERGIE INDIQUE LA CONSOMMATION ÉLECTRIQUE DES APPAREILS. LES CLASSES A ET B SONT LES PLUS ÉCONOMES. UN BON MOYEN DE FAIRE DES ÉCONOMIES TOUS LES JOURS !

RECYCLAGE

PORTÉ PAR 90 % DES PRODUITS, LE « POINT VERT » SIGNIFIE SIMPLEMENT QUE LE FABRICANT COTISE À UNE SOCIÉTÉ QUI RECYCLE LES EMBALLAGES.

L'« ANNEAU DE MÖBIUS » SIGNIFIE QUE LE PRODUIT EST RECYCLABLE... À CONDITION QU'IL SOIT JETÉ DANS LA BONNE POUBELLE !

GARE AUX LOGOS POUR GOGOS !

EN RÉALITÉ, C'EST UNE OBLIGATION, PUISQUE LES GAZ NOCIFS SONT INTERDITS DANS LES AÉROSOLS !

UN OBJET, PLUSIEURS VIES !

Ouvre ton placard, fouille dans tes tiroirs : plein d'objets y dorment... Pourtant, comme les idées, les choses doivent circuler. Échanger, prêter, donner : à toi de faire passer !

JE SORS LE TOURNEVIS

Tu as cassé un jouet, un vélo, un appareil ? Tout se répare, avec un peu d'astuce et de patience. Tu ne sais pas ? Demande conseil à tonton Didier, inscris-toi à un atelier de bricolage, cherche dans des livres ou sur Internet...

LE GRAND DON

« QUI VEUT MON GRILLE-PAIN ? » « PRENEZ CE BEAU VASE ! » UNE FOIS TOUS LES 2 MOIS, SUR LE PONT MARIE À PARIS, A LIEU LE GRAND DON. CHACUN APPORTE LES OBJETS DONT IL NE VEUT PLUS... ET LES OFFRE AUX PASSANTS. SYMPA, NON ?

MON TRUC, C'EST LE TROC !

Un jouet que tu as assez vu, un livre que tu ne reliras pas... Mets tout ça dans un carton, et hop ! direction le vide-grenier ou le bouquiniste. Tu as gagné 3 sous ? Chouette !

ON M'A VU À LA MÉDIATHÈQUE

Comment ça, tu n'es pas encore inscrit ? Cours-y sur-le-champ : tu peux emprunter des livres, des CD, des films... et récolter plein de super-conseils. Autre idée : tu peux aussi prêter et emprunter à tes meilleurs potes !

JE DONNE MALIN

Tu changes de lunettes : ne laisse pas moisir les vieilles au fond d'un tiroir, apporte-les chez l'opticien, qui les fera recycler. Et renseigne-toi auprès de ta mairie pour savoir où donner les vêtements en bon état, les jouets...

JE RECYCLE AVEC STYLE

Marre de ton jean ou de ton sac ? Fais-leur un nouveau look avec des perles, des pièces de tissu, des broderies... Cherche des bouquins où piocher des idées !

LE PLUS BEAU DES CADEAUX...

- C'EST CELUI QUE TU AS FAIT TOI-MÊME, EN PENSANT À LA PERSONNE À QUI TU VAS L'OFFRIR.
- PLUTÔT QUE D'ACHETER UN OBJET, PENSE À UNE PLACE DE CINÉ OU DE THÉÂTRE, OU À UN AUTRE BON MOMENT PARTAGÉ...

?
SI T'AS PAS LE LOOK adonf, T'ES SUPER RINGARD!
MINCE ! MAIS JE SUIS SUPER RINGARD !
adonf
MAIS ÇA VA CHANGER !
Petits Prix adonf
adonf
RINGARD JE SUIS, RINGARD JE RESTERAI !
SI T'AS PAS LE LOOK Raton T'ES QU'UN BLAIREAU!
?
C'EST BON, J'AI COMPRIS ! ET SI T'ES HABILLÉ COMME TOUT LE MONDE, T'ES QU'UN PÔV' MOUTON !

5 • TON ÉCOLE ÉCOLO

Tu passes en moyenne 186 jours par an à l'école. L'endroit idéal pour échanger des idées, et agir tous ensemble pour (commencer à) sauver le monde !

NOTE TON ÉCOLE !

À l'école, tu apprends une foule de choses, y compris le respect de l'environnement. La tienne est-elle si écolo ? Mène l'enquête !

L'AIR

Des études ont montré que certains mobiliers ou fournitures polluent l'air. Résultat : des allergies, de l'asthme... voire le « syndrome des bâtiments malsains », avec somnolence et perte d'attention ! La solution ? Ouvrir les fenêtres !

LES DÉCHETS

Une école représente souvent des centaines de personnes, soit une énorme empreinte écologique ! Intéresse-toi à la gestion des déchets : que jette-t-on régulièrement ? Le tri est-il en place ?

BIO

LA CANTINE BIO, ÇA EXISTE !

LA 1RE EST CELLE DE VAUVERT (GARD), INAUGURÉE EN 1997. AUCUN PRODUIT CHIMIQUE DANS L'ASSIETTE... CE QUI N'INTERDIT PAS LE POULET-FRITES !

L'EAU ET L'ÉNERGIE

Comme à la maison, pas question de gaspiller ! Espionne pour voir si les adultes comme les enfants font attention. Non ? Hop ! Propose un exposé sur les « bons gestes » !

LABEL « ÉCO-ÉCOLE »

IL EST ATTRIBUÉ À UNE ÉCOLE PRIMAIRE OU À UN COLLÈGE AU BOUT DE 3 ANS D'EFFORTS. AU PROGRAMME : SENSIBILISATION À L'ENVIRONNEMENT ET ACTIONS CONCRÈTES.

ON A DÉCIDÉ D'AGIR !

1 ON FAIT LE POINT

Rognon (le dirlo), les profs, Nadia de la cantine, parents, élèves : on s'est tous réunis pour faire le bilan écolo de l'école sur l'air, l'eau, l'énergie, les déchets...

2 ON PROPOSE

2e grande réunion. Chacun est venu avec des idées concrètes. On a parlé, on a voté, on a fixé un calendrier d'action. Le plus urgent : dès cette semaine, on trie le papier !

3 ON S'ENGAGE

Mlle Virgule, la prof de français, nous a aidés à rédiger le « code écolo » de l'école. On l'a distribué dans toutes les classes, et chacun a signé. C'est parti !

4 ON AVANCE

C'est le milieu de l'année : aujourd'hui, on a fait le bilan. Côté tri, c'est bien. Mais trop de gens oublient d'éteindre l'électricité dans les toilettes. Et si on installait une minuterie ? M. Taffin, le papa de Chloë, propose aussi de faire un club jardinage... avec activité compost !

5 ON APPREND

En maths, Mme Carré nous a posé un problème de fuite de robinets ; en SVT, on va visiter une station d'épuration... Ici, on étudie l'écologie à toutes les sauces, et on adore. À nous tous, c'est sûr, on va sauver la planète !

DANS TON CARTABLE

À chaque rentrée, les magasins font exprès de confondre fournitures et gadgets. Si tu commençais par trier ce que tu peux récupérer de l'an dernier ?

Sac et cartable

De bonne qualité, en toile solide et lavable, bien rembourré ? Il durera au moins 2 ans !

Effaceurs d'encre

Ils contiennent des produits chimiques vraiment pas terribles. Utilise-les au minimum, et ne les mets jamais à la bouche.

Stylos

Écrire avec un stylo plume rechargeable, c'est plus beau... et plus écolo qu'avec un stylo à bille jetable. Au fait : l'encre bleue est la moins polluante à fabriquer.

Surligneurs

Stop ! Ils sont inutiles, et hyperpolluants (plastique, solvants, conservateurs, métaux lourds...). Souligne plutôt au crayon de couleur : ça se remarque aussi bien !

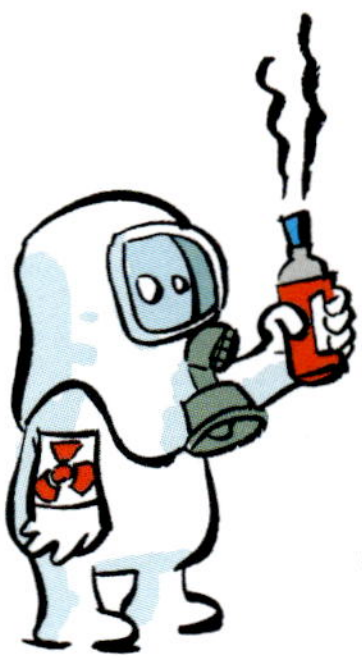

Crayons

Utilise un porte-mines réutilisable en métal, ou un crayon en bois naturel (ni teint ni verni) que tu peux mordiller sans risque.

Gomme

Préfère le caoutchouc naturel non teinté, plutôt que le plastique coloré parfumé à la banane ! Et aucun besoin d'étui pour la ranger...

Calculatrice

Achète-la plutôt solaire. Son mini-panneau la fera durer... éternellement.

Feutres

Choisis une encre à base d'eau. Évite ceux contenant des solvants (faciles à reconnaître, on les renifle à 10 mètres !).

Colle

Plus elle sent fort, plus elle contient de solvants et autres produits hyperdangereux à respirer. Pour les utilisations courantes, une colle à l'eau suffit.

Cahiers

Blocs, cahiers, feuilles... Cherche un peu : tout est disponible en papier 100 % recyclé, non blanchi au chlore.

Petit matériel

Ciseaux, compas, taille-crayons, règles, perforatrices, agrafeuses : choisis-les en métal, bien solides. Ils sont un peu plus chers, mais beaucoup plus agréables à utiliser, et dureront des années !

PERSONNALISE TES AFFAIRES !

DIFFICILE DE RÉSISTER AUX MILLE GADGETS RIGOLOS. BIEN SÛR, TU AS LE DROIT DE CRAQUER DE TEMPS EN TEMPS ! MAIS PLUTÔT QUE D'ACHETER UN CLASSEUR AVEC LA PHOTO DU DERNIER HÉROS, SI TU LE DÉCORAIS TOI-MÊME ? SEUL RISQUE : FAIRE UN TAS DE JALOUX DANS LA CLASSE !

SUR LE PAPIER

À l'école, tu l'utilises en grandes quantités sans toujours t'en soucier. Deviens un « papivore » plus malin !

ÉCOLO, LE PAPIER ?

Fabriqué à partir d'une matière naturelle et renouvelable (le bois), le papier est biodégradable et recyclable. Idéal ? Pas vraiment... Car pour brasser la pâte, il faut énormément d'eau, qui ressort chargée de déchets parfois toxiques (comme le chlore utilisé pour blanchir). Il faut aussi un max d'énergie pour sécher le papier.

LE PAPIER RECYCLÉ

Réutiliser du papier pour fabriquer à nouveau de la pâte permet d'utiliser jusqu'à 20 fois moins de bois, 100 fois moins d'eau et 3 fois moins d'énergie ! Il existe plusieurs qualités de papier, depuis le 100 % recyclé (non désencré ni blanchi) jusqu'au plus luxueux, à base d'un mélange de fibres vierges et recyclées.

VRAI OU FAUX ?

LE PAPIER RECYCLÉ EST DE MAUVAISE QUALITÉ

FAUX : C'ÉTAIT VRAI AU DÉBUT MAIS LES NOUVELLES TECHNOLOGIES ONT PERMIS DE BEAUCOUP L'AMÉLIORER.

LE PAPIER RECYCLÉ EST RARE

FAUX ! TU EN UTILISES PLUS QUE TU NE CROIS. 99,5 % DU PAPIER JOURNAL ET 88 % DU CARTON EN SONT FAITS. EN EUROPE, LE PAPIER RECYCLÉ REPRÉSENTE PRÈS DE 60 % DE LA CONSOMMATION TOTALE.

LE PAPIER SE RECYCLE À L'INFINI

FAUX : IL SE RECYCLE DE 8 À 12 FOIS, PUIS SES FIBRES DEVIENNENT TROP USÉES.

RECTO VERSO

Quand une feuille a déjà été utilisée d'un côté, retourne-la : une page vierge ! Mine de rien, tu économises 50 % de papier.

ÉCRIS LÉGER

Le papier standard pèse 80 g au mètre carré, mais 60 g suffisent, et c'est autant de bois économisé.

SPÉCIAL BROUILLON

Photocopies, listings… Il y a sûrement des parents d'élèves de ta classe qui peuvent récupérer du papier à leur travail : fais un sondage.

SPÉCIAL ORDINATEUR

Avant d'imprimer une page, corrige-la au maximum à l'écran. **Astuce** : pour économiser le papier, réduis les marges et l'espace entre les lignes.

SPÉCIAL DESSIN

Pour dessiner, rien de mieux que le verso des catalogues de papiers peints, que les magasins de décoration jettent à chaque saison. Demande-leur de te les garder !

200 KG C'EST LE POIDS MOYEN DE PAPIER CONSOMMÉ PAR CHAQUE FRANÇAIS PAR AN, SOIT 4 À 6 ARBRES !

BOUGE TA CLASSE !

Avec sa classe, on est 25 ou 30 fois plus fort que si l'on est tout seul. Cette année, promis, on se mobilise pour faire aboutir plein d'idées écolos !

1 « RACHETER » VOS CAHIERS À LA NATURE

C'est symbolique, d'accord... Mais certaines écoles proposent aux élèves de « racheter » leur consommation de papier en plantant quelques arbres. Et si le directeur de ton école en parlait à la mairie ? Il y a sûrement de la place dans un parc de la ville !

2 JARDINER À L'ÉCOLE

Planter une haie ou un potager, des fleurs ou un arbre dans la cour... Tout est possible ! Rigolo aussi : récolte graines et noyaux (d'avocat, de mangue, de citron...), fais-les pousser dans des pots, puis organise une vente de plantes à l'école. L'argent pourra par exemple financer une sortie verte.

3 S'ASSOCIER À UNE OPÉRATION ÉCOLO

En voici 2 parmi des centaines. 1000 défis pour ma planète, organisé par plusieurs ministères, soutient les projets de protection de la nature. Brikkado, opération de l'Unicef, propose de collecter des briques alimentaires, recyclées par la suite en papier cadeau. Les bénéfices servent à aider des enfants du monde entier : d'une pierre deux coups !

4 FÊTER LA JOURNÉE MONDIALE DE L'ENVIRONNEMENT

Le 5 juin, organise une action en rapport avec l'environnement. Des idées ? Un concours de dessin ou de poésie, une expo, le nettoyage d'un coin de nature près de l'école...

5 PARTIR EN CLASSE DE DÉCOUVERTE

Elle peut être verte au printemps, rousse en automne, blanche en hiver, bleue au bord de la mer. Quoi ? Ta classe ! Imagine : cours le matin, puis balades l'après-midi. Parles-en à tes profs : ce sont eux qui peuvent organiser un séjour. Les 74 CPIE (centres permanents d'initiatives pour l'environnement) sont là pour les aider, ouf !

6 PARTAGER DES EXPÉRIENCES

L'oncle de Nicolas est garde forestier, les parents de Sophie font partie de la LPO (Ligue de protection des oiseaux) ? Ils ont sans doute mille choses passionnantes à raconter en classe. Ce serait dommage de s'en priver...

7 MONTER UN CLUB NATURE

Élever des insectes, apprendre à reconnaître les plantes locales, installer des mangeoires pour les oiseaux, apprendre à construire une cabane... Les objectifs ne manquent pas. À mettre en place avec un prof sympa !

PFFF ! RAS LE BOL, C'EST TOUJOURS MOI QUI DOIS TOUT NETTOYER TOUT SEUL !
J'AI UNE IDÉE ! JE VAIS DEMANDER DE L'AIDE AUX PETITES MAINS !
Moi, Raton, je promé de netoyé la foré si on est o moin 10, a le faire ! Rende-vous dimanche à 10 heure !
MERCI À TOUS CEUX QUI SONT VENUS ! METTONS-NOUS AU TRAVAIL !
GÉNIAL ! C'EST FINI ! ALLEZ, HOP ! ON SIGNE !
LES ENFANTS, VOUS POUVEZ ÉCRIRE VOTRE NOM À LA CRAIE SUR CE ROCHER !...
ET LES AUTRES, HEUUUU... FAITES COMME VOUS POUVEZ !
Stéphan
Stéphanie
Stéphan
Stéphanie

6 • DANS LA NATURE

La nature, c'est génial ! Mais attention, un espace vert n'est pas forcément un endroit naturel...

8 CHOSES À VOIR OU À VIVRE

Émotions, sensations, images et connaissances : la nature, mon pote, c'est plus fort que tous les jeux vidéo !

1 ADMIRE UNE MERVEILLE NATURELLE

Les falaises d'Étretat, la dune du Pilat, les volcans d'Auvergne, le gouffre de Padirac... Tu passes à proximité ? Fais le détour !

2 VISITE UN ÉCOMUSÉE

Il te fait voyager dans un temps pas si lointain. Objets et scènes quotidiennes reconstituées témoignent : autrefois, la nature imposait son rythme aux hommes !

3 MARCHE DANS UNE FORÊT ANCIENNE

Paimpont en Bretagne, Fontainebleau en Île-de-France, Tronçay dans l'Allier... Même si tu n'y rencontres ni fée ni lutin, tu comprendras pourquoi les hommes les ont imaginés...

4 ÉCOUTE BATTRE LE « CŒUR » D'UN ARBRE !

Au début du printemps, les feuillus (bouleaux, hêtres, chênes, cerisiers...) regorgent de sève. Chut ! Promène un stéthoscope sur leur tronc et écoute : ça gargouille, ça craque, ça bouillonne !

5 COLLECTIONNE LES TRÉSORS DE LA PLAGE

Chaque jour, les vagues rejettent sur la plage des « laisses de mer » : coquillages, algues, œufs de requins... Cherche-les à marée basse, en écoutant crier les mouettes. Le plein d'énergie pour la journée !

6 CHOISIS DES LIEUX « VERTS »

Camping à la ferme, vacances en roulotte, gîte rural... Vive les vacances écolos ! Si tu pars tout seul, il existe aussi plein de stages passionnants : camp trappeur, observation d'animaux sauvages, séjour astronomie...

7 DORS À LA BELLE ÉTOILE

Magique : en pleine nature, le ciel ne subit pas la pollution lumineuse des villes. Tu n'aurais jamais pensé qu'il y avait autant d'étoiles dans le ciel... Et si tu vois une pluie d'étoiles filantes au mois d'août, fais mille vœux !

8 ACTIVE-TOI BIO

Fais ton pain, de la gelée de mûres, constitue un herbier, observe les insectes du jardin, fabrique du papier recyclé, des jouets en bois, une cabane... Il y a plein d'idées à trouver !

PETITE BALADE

Du vert, de l'oxygène, de l'espace... Aujourd'hui, tu t'offres un grand bol de nature. Connais-tu bien le « mode d'emploi » ?

LES RÈGLES DE BASE

Élémentaire, mon cher écolo : les espaces sauvages sont fragiles, et tu n'es pas le seul à les fréquenter.

- Je n'allume jamais de feu. En pique-nique, je mange froid.
- Je reste dans les chemins balisés. À pied comme à VTT, je ne passe pas dans les broussailles, où je risque d'écraser de jeunes pousses fragiles.
- Je surveille mon chien. Il doit toujours rester dans mon champ de vision, pour ne pas déranger les animaux sauvages.
- Je ne jette pas de pierres, surtout en montagne.

OBSERVER LES ANIMAUX SAUVAGES

Sache que ce sont d'abord eux qui t'observent. Tu veux avoir une chance ?

- Ni gilet fluo ni casquette rouge : camoufle-toi en vert et marron.
- Munis-toi d'une paire de jumelles.
- Ne fais pas de bruit, ni aucun mouvement brusque.
- Place-toi face au vent, pour qu'ils ne sentent pas ton odeur.
- Si tu trouves une portée de petits, ne les touche pas : si leurs parents flairent l'odeur humaine, ils pourraient les abandonner.

AVEC LES YEUX

Oh, la belle fleur ! Mais si tu la cueilles, elle se fanera avant la fin de la balade. En plus, la plante ne produira pas de graines l'an prochain... Pour l'immortaliser, clic-clac ! photographie-la en gros plan.

CÔTÉ CUEILLETTE

Partout en Europe, la cueillette des plantes sauvages est réglementée. En France, il existe une liste nationale, une liste marine, et 25 listes régionales de plantes protégées. Rien que dans les Alpes, plus de 200 espèces de fleurs sont concernées.

PAS TOUCHE AUX ARBRES !

Ne grave pas « Toto aime Lulu » sur le tronc, et ne casse pas les branches : par ces blessures pourraient entrer des parasites qui tueraient l'arbre.

LES CHAMPIGNONS

Coupe-les au pied avec un couteau. Ne les arrache jamais : ils ne repousseraient pas.

DANS LA NATURE, LES DÉCHETS DURENT...

PELURE DE FRUIT : 3 À 6 MOIS.
TICKET DE BUS : 4 MOIS.
JOURNAL : 3 À 12 MOIS.
CANETTE : 10 À 100 ANS.
SAC PLASTIQUE : 100 À 1 000 ANS.
BOUTEILLE EN VERRE : 4 000 ANS.

AU BORD DE L'EAU

Chaque été, tu l'entends aux infos : le niveau des nappes souterraines baisse, les rivières sont au plus bas… L'eau douce est un souci majeur !

Un **barrage** ne pollue pas, mais il modifie le milieu naturel. Il faut installer des passes à poissons, et ouvrir les vannes régulièrement pour laisser les sédiments s'écouler.

Les **résidus** d'engrais et de lessives surchargent l'eau en nutriments. Les algues prolifèrent, et avec elles les bactéries qui absorbent l'oxygène. Résultat : les poissons étouffent.

Marais et **tourbières** sont très fragiles. Leur rôle est pourtant essentiel, car ils absorbent les crues. Ce qui les menace ? La sécheresse, mais aussi le remblaiement pour cultiver ou construire.

L'eau de **refroidissement** des centrales nucléaires est pompée dans la rivière. Elle n'est pas polluée au passage, mais réchauffée. Quand la température monte trop, les poissons souffrent.

PETIT PENSE-BÊTE

NE PÊCHE PAS

Avec une épuisette ou une canne, ne t'amuse pas à attraper des poissons, même si tu les relâches.

ET EN VILLE ?

NE JETTE RIEN DANS LE CANIVEAU. LES EAUX QUI S'ÉCOULENT LE LONG DU TROTTOIR NE SONT PAS TRAITÉES EN STATION D'ÉPURATION : ELLES PARTENT DIRECTEMENT DANS LA RIVIÈRE.

NE POLLUE PAS

Ne jette rien dans la rivière : restes de nourriture, déchets... Interdit de te savonner dedans, ou d'y laver ta vaisselle.

RESPECTE LES BERGES

N'abîme pas les plantes : leurs racines stabilisent les talus et forment un filtre naturel contre les pollutions. Elles abritent aussi un grand nombre d'animaux !

NE PERTURBE PAS LE MILIEU

Évite de remuer la vase, ne lance pas de cailloux et ne construis pas de barrage, pour ne pas troubler l'écosystème.

2 %

C'EST LE POURCENTAGE D'EAU DOUCE DANS LE MONDE (CONTRE 98 % D'EAU SALÉE !). EN PLUS, ELLE EST PRESQUE ENTIÈREMENT STOCKÉE DANS LES GLACIERS OU LES NAPPES SOUTERRAINES. L'EAU DES LACS ET DES COURS D'EAU NE TOTALISE AU FINAL QUE... 0,04 % DE LA MASSE D'EAU SUR TERRE !

À LA MER

Même si tu es en vacances, garde tes bonnes habitudes : la mer et le rivage sont des milieux fragiles !

N'enfouis rien dans le ***sable***. Et ne laisse jamais s'envoler de sacs plastique : tortues, poissons et dauphins les prennent pour des méduses, les gobent... et s'étouffent.

Le **pavillon bleu** signale que la commune s'engage à respecter l'environnement. En France, il flotte sur plus de 300 ports, plages et lacs... Bravo !

Palme doucement, pour ne pas arracher les plantes des rochers et ne pas effrayer les animaux ! Ne touche à rien, et ne nourris pas les poissons. Ils se débrouillent très bien sans toi.

*Ton **chien** sur la plage, c'est non ! Il peut abîmer les plantes, déranger les animaux... Nul pour lui aussi : il a chaud et n'a pas d'endroit où faire ses besoins.*

Le **scooter des mers** n'a que des défauts : polluant, hyperbruyant, perturbant pour les animaux marins. Préfère les activités « douces » : la planche à voile, le surf et, sur la plage, le char à voile, le cerf-volant.

Certaines **plantes** aux longues racines, comme l'oyat, retiennent les dunes. Mais elles sont fragiles et poussent difficilement... Reste sur les chemins balisés (ou les caillebotis) pour éviter de les piétiner !

Gare à ton **ancre** ! En raclant le fond de la mer, elle peut arracher des coraux, abîmer les herbiers de posidonies où vivent poissons et crustacés. Mieux vaut un mouillage fixe au port, ou un banc de sable nu.

En **bateau**, tu es dans un petit monde clos... Pense aux déchets. Avant de prendre le large, débarrasse-toi du maximum d'emballages, et rapporte le reste à terre.

Des **oiseaux marins** (sterne, gravelot...), des **lièvres** et une foule de **petites bêtes** nichent dans les dunes. Sois discret !

Tu as capturé de petits animaux ? Ne les laisse pas « cuire » au soleil dans un seau, et **relâche-les** après tes observations. Remets à leur place les pierres que tu soulèves : les coquillages cachés dessous s'y abritent du dessèchement.

Renseigne-toi avant de ramasser des **coquillages** vivants : interdit par exemple de pêcher des oursins de mai à septembre, pendant la période de reproduction !

VOYAGER LOIN

Le transport en avion ? Pas très écolo, d'accord. Mais il y a pire : par maladresse, on peut aussi provoquer des dégâts dans le pays visité. À lire avant de partir !

1 COMME CHEZ MOI

Je suis écolo dans mon pays. Ailleurs, je respecte les mêmes principes, même s'ils ne sont pas tous (ou toujours) suivis par les habitants !

2 J'ÉCONOMISE L'EAU

Prendre 3 douches par jour à l'hôtel alors que la population locale manque d'eau, c'est la honte !

3 PAS DE DÉCHETS

La plus grande richesse touristique d'un pays ? Ses sites naturels... où je ne jette évidemment rien ! Et si je visite un pays « pauvre », sans système de recyclage, je ramène les piles usées, les cartouches de gaz vides dans mes valises.

4 GARE AU BOIS

Dans certaines régions, c'est une denrée rare. Utiliser du charbon de bois ? Mauvaise solution, car il consomme beaucoup d'arbres pour sa fabrication. **Conclusion** : en voyage (et en camping), on cuisine au mini-réchaud à gaz !

5 J'ACHÈTE MALIN

Un souvenir pour tonton Bernard, un pour cousine Claudine... J'essaie d'acheter des objets locaux, directement aux artisans ou aux coopératives.

6 JE RESPECTE LA FAUNE

J'ai envie d'observer des animaux sauvages ? D'accord, mais de loin, sans les déranger. Je résiste aussi à la tentation de nourrir les animaux : cela modifie leur régime alimentaire et leur comportement naturel (les singes par exemple peuvent devenir agressifs !).

7 TOURISTE SANS REPROCHE

À l'étranger, surtout dans les pays tropicaux, on se voit proposer toutes sortes d'objets tirés de la faune ou de la flore. La plupart sont pourtant interdits à l'exportation ! Je n'encourage pas ce genre de trafic et je retiens la liste d'objets à éviter absolument :

- les animaux vivants ;
- tout ce qui est en ivoire ou en écaille de tortue ;
- les peaux de mammifères ou de reptiles ;
- les papillons ou autres insectes naturalisés ;
- les œufs et les plumes ;
- les coquillages ;
- les bijoux en corail.

MOI, JE SUIS UN AVENTURIER, UN VRAI ! À MOI LES CONTRÉES INEXPLORÉES !
ÉVIDEMMENT, IL FAUT ÊTRE SURENTRAÎNÉ ET AVOIR LE BON MATÉRIEL !
LES INDISPENSABLES: BOUSSOLE, GOURDE, COUTEAU, LAMPE DE POCHE, MINI-TROUSSE À PHARMACIE, SAC POUBELLE, VIEUX CD...
TU N'AS PLUS D'EAU ? SUIS LES OISEAUX MANGEURS DE GRAINES QUI ONT TOUJOURS SOIF !
TU AS FAIM ? RENSEIGNE-TOI SUR LES PLANTES COMESTIBLES ! MÉFIE-TOI TOUJOURS DE CELLES QUI SENTENT MAUVAIS, SIGNAL DE DANGER !
IL PLEUT ? TU AS FROID ? UN SAC POUBELLE GARDERA TA CHALEUR CORPORELLE, ET TE PROTÉGERA DE L'HUMIDITÉ !
BOM
AÏE ! UNE BLESSURE ! DÉSINFECTE LA PLAIE AVEC DE LA GOMME DE SAPIN !
TU ES PERDU ? SERS-TOI DE TON SIFFLET, ET FAIS DES SIGNAUX AVEC TON CD !
TRIIIII
CHEF ? J'AI UN TYPE LOUCHE AVEC UN MASQUE COLLÉ À LA FIGURE !

7 • EN ACTION !

Dans les années 1970, des gens ont commencé à se soucier d'écologie. « Ha, ha ! leur répondait-on. Vous voulez retourner à l'âge des cavernes ? »

PROTÉGER LE MONDE

Chercheurs, dirigeants ou simples citoyens : partout, des hommes et des femmes se mobilisent pour préserver notre planète. Grâce à eux, les choses avancent...

VERS UN MONDE ÉCOLO ?

Le premier accord mondial sur l'environnement date de 1987 : il interdit les gaz destructeurs de la couche d'ozone. Depuis, les grands pays se sont réunis lors des sommets de Rio, Kyoto et Johannesburg. Désormais, certains voudraient mettre en place un organisme qui servirait de « gendarme écologique » mondial.

ÇA BOUGE !

- À TRAVERS LE MONDE, 18 MILLIONS DE KM^2 (30 FOIS LA SUPERFICIE DE LA FRANCE) SONT DES SITES PROTÉGÉS.
- DEPUIS 1997, L'ANTARCTIQUE EST UNE RÉSERVE NATURELLE DÉDIÉE À LA PAIX ET À LA SCIENCE.
- SOLAIRE, ÉNERGIE ÉOLIENNE, GÉOTHERMIE... : LES ÉNERGIES RENOUVELABLES SONT DÉSORMAIS AU POINT, ET LA HAUSSE DU PRIX DU PÉTROLE LES REND ÉCONOMIQUEMENT RENTABLES.
- L'INDUSTRIE PRODUIT (EN POLLUANT MOINS) DES OBJETS PLUS RESPECTUEUX DE L'ENVIRONNEMENT. EXEMPLE : TOUS LES PLASTIQUES DES AUTOMOBILES SONT DÉSORMAIS RECYCLABLES.

ILS AGISSENT...

L'IUCN

Fondée en 1948, l'**Union internationale pour la conservation de la nature** rassemble près de 1 000 organisations dans le monde entier. Ses 10 000 experts bénévoles aident par exemple les pays en voie de développement à préserver leurs ressources.

LA CITES

Créée en 1973, la **Convention sur le commerce international des espèces** (faune et flore) sauvages menacées d'extinction est appliquée par plus de 160 États. Les espèces y sont classées en catégories : 800 sont interdites de commerce, près de 30 000 autres sont surveillées (coraux, cactus, oiseaux, reptiles...).

GREENPEACE

Fondée en 1971, cette association de 3 millions d'adhérents dénonce les abus, informe le public... et agit : les volontaires participent à des actions pour empêcher la pêche baleinière, la chasse aux bébés phoques, etc. Non violent, mais efficace !

LE WWF

Le **World Wildlife Fund** est la 1re organisation mondiale pour la nature : présente dans 96 pays, elle réunit 4,7 millions de membres, qui mènent 12 000 programmes ! Parmi eux, la protection du grand panda (son emblème), des dauphins en Méditerranée, de la Loire...

MON EUROPE ÉCOLO

Décidées en commun, les lois sur l'environnement améliorent chaque année la vie de 435 millions d'Européens. Sans compter les ratons laveurs !

QUI FAIT LA LOI ?

La Direction générale de l'environnement travaille à Bruxelles. Elle propose de nouvelles lois, qui sont ensuite votées par les députés européens, puis s'assure de leur application sur le terrain. Chaque trimestre, les ministres de l'Environnement des 25 pays de l'Union se réunissent pour faire le point.

1 CHANGEMENT CLIMATIQUE

L'Union européenne s'est engagée à réduire ses émissions de gaz à effet de serre de 8 % (par rapport au niveau de 1990) d'ici 2012. Chaque pays a ses objectifs à remplir.

2 BIODIVERSITÉ

Chaque État définit des zones spéciales de conservation (ZSC) pour préserver des milieux naturels, ainsi que des zones de protection spéciales (ZPS) pour les oiseaux. L'ensemble de ces sites forme le réseau Natura 2000.

3 SÉCURITÉ ET POLLUTION MARITIME

Suite aux naufrages de l'*Erika* (1999) et du *Prestige* (2002), l'Union a renforcé le contrôle des navires. Les pollueurs sont lourdement punis, et les pétroliers à simple coque seront bientôt interdits.

4 POLLUTION AUTOMOBILE

Depuis 1992, il n'y a plus de plomb dans l'essence, et les pots catalytiques sont obligatoires. Tous les 5 ans en moyenne, les normes sont révisées, obligeant les fabricants à concevoir des véhicules toujours moins polluants.

5 DÉCHETS ÉLECTRONIQUES

Depuis 2005, chaque pays doit organiser la récupération des appareils électroménagers, ordinateurs, téléphones, jouets... Le recyclage est financé par une taxe à l'achat d'un appareil neuf. Objectif : récupérer 4 kg de déchets par habitant et par an.

6 PROTECTION DES EAUX

Le territoire de l'Union européenne est divisé en « bassins hydrographiques », qui s'étendent parfois sur plusieurs pays. Chaque bassin est suivi individuellement, et sa qualité surveillée en permanence.

BOÎTE À IDÉES

LE PROGRAMME LIFE (L'INSTRUMENT FINANCIER POUR L'ENVIRONNEMENT) AIDE À FINANCER DES PROJETS EN FAVEUR DE L'ENVIRONNEMENT. EXEMPLES : LE RECYCLAGE DE VIEUX PAPIERS NON TRIÉS, LA RÉDUCTION DES NUISANCES SONORES EN VILLE... LES MEILLEURS, PLUS TARD, SERONT REPRIS À L'ÉCHELLE EUROPÉENNE.

DES IDÉES PLEINES D'AVENIR

Un jour peut-être, la pollution ne sera plus qu'un (mauvais) souvenir. Grâce à qui ? Aux ingénieurs du monde entier, et à leurs drôles d'inventions...

ROULER HYBRIDE

Les voitures hybrides possèdent un moteur à essence (pour la route) et une batterie électrique (pour la ville). Aux États-Unis, leur développement est fulgurant, et l'Europe s'y met. Dans 10 ans, une voiture pourrait consommer 2 litres d'essence aux 100 km !

PUISER L'EAU DANS L'AIR

Même là où il ne pleut jamais, la vapeur d'eau est présente dans l'atmosphère. Des Français ont mis au point des « concentrateurs de rosée », larges panneaux recouverts d'un plastique qui refroidit très vite. Un procédé testé dans différentes zones arides : Israël, Éthiopie...

FERTILISER LES CÔTES

Gordon Sato, biologiste américain, a entrepris de transformer un littoral d'Afrique désertique (la côte de l'Érythrée) en mangrove, en plantant 1 million de palétuviers. Les villageois y trouvent de la nourriture pour leurs chèvres, du bois de construction, des poissons et des crustacés...

ÉCLAIRER LE MONDE

La fondation « Light up the World » du Canadien Dave Irvine-Halliday éclaire les villages retirés du Népal, de l'Inde et du Sri Lanka. Des panneaux solaires sont reliés à un réseau de diodes électroluminescentes (LED) de 0,1 watt, soit assez pour lire. Avec l'équivalent d'une ampoule de 100 watts, on éclaire un village !

BATTERIE AUX ÉPINARDS

Des Américains ont trouvé le moyen d'utiliser la photosynthèse (processus naturel qui transforme la lumière en énergie) pour alimenter des batteries de téléphones ou d'ordinateurs fonctionnant jusqu'à 21 jours. Pourquoi des épinards ? Ils sont riches en chlorophylle, bon marché… et disponibles en toutes saisons.

LAVER SANS LESSIVE

Bonne nouvelle pour les rivières : un Anglais a mis au point une technique qui permet de laver le linge… avec de l'eau ! En utilisant de l'eau dégazée (à laquelle on a retiré les microparticules d'air), le gras se disperse sous forme de gouttelettes.

UN TAS DE SITES UTILES

Envie de faire un exposé, ou simplement d'en savoir plus ? Tapote ces quelques bonnes adresses pour voir le monde du côté écolo !

1 • LES BASES

Apprendre plein de gestes écolos
www.ademe.fr : l'Agence de l'environnement et de la maîtrise de l'énergie (clique sur « espace particuliers »).

Comprendre le réchauffement climatique
www.rac-f.org : le Réseau Action Climat France (sérieux, mais très bien fait).
www.effet-de-serre.gouv.fr : la Mission interministérielle sur l'effet de serre.

2 • DANS TA BULLE

Ne plus vivre dans une maison polluée
www.air-interieur.org : l'Observatoire de la pollution intérieure.

Trier comme une bête
www.ecoemballages.fr : tout sur le traitement et le recyclage des déchets ménagers.

Tout savoir sur l'eau
www.cieau.com : le Centre d'information sur l'eau, très complet.
www.lesagencesdeleau.fr : tout sur les 6 bassins hydrographiques français.

3 • LE NEZ DEHORS

Jardiner écolo
http://perso.wanadoo.fr/jacques.guy : le site perso d'un jardinier bio qui te livre 1000 astuces.

Protéger les oiseaux
www.lpo.fr : la Ligue de protection des oiseaux.

Connaître la qualité de l'air
www.airparif.asso.fr : pour avoir les prévisions de ta région, clique sur « nos liens », puis sur « les AASQA ».

4 • CONSOMME MALIN

Consommer autrement
www.consodurable.org : créée par différents ministères, Consodurable encourage le développement durable.

Tout savoir sur le bio
www.agencebio.org : ce groupement soutient les filières d'agriculture bio.

5 • TON ÉCOLE ÉCOLO

Trouver plein d'idées
www.ecole-et-nature.org : un site d'éducation à l'environnement très complet. Parles-en à tes profs !

S'inscrire au réseau éco-écoles
www.eco-ecole.org : va aussi sur le site international en anglais (**www.eco-schools.org**), rempli d'exemples d'actions d'écoles dans le monde entier.

6 • DANS LA NATURE

Explorer la diversité des milieux en France
www.parcsnationaux-fr.com
www.parcs-naturels-regionaux.fr
www.conservatoire-du-littoral.fr
www.reserves-naturelles.org

Plonger à la découverte des océans
www.ifremer.fr : l'Institut français de recherche pour l'exploitation de la mer.
www.cousteau.org : la Fondation Cousteau.

7 • EN ACTION !

T'informer sur les espèces protégées
www.cites.org

Connaître l'action de grandes associations.
www.wwf.fr
www.greenpeace.org
www.planete-nature.org : la Fondation Nicolas Hulot.
www.fne.asso.fr : France Nature Environnement (fédère plus de 3 000 associations).

Te renseigner sur l'action du ministère de l'Écologie
www.environnement.gouv.fr

Trouver une action à réaliser
www.enviedagir.fr

T'informer sur les métiers de l'environnement
www.ecometiers.com

LE GRAND QUIZ ÉCOLO

Es-tu devenu toi aussi un champion du monde de l'écologie ? Pour le vérifier, réponds à ces questions. Tu as fait plus de 3 erreurs ? Relis ton livre !

1 • LA COUCHE D'OZONE...

A • absorbe les mouches qui volent trop haut.
B • absorbe les rayons dangereux du Soleil.
C • absorbe les pollutions de l'air.

2 • JE MANGE PLUTÔT...

A • des fraises à Noël.
B • des fruits en conserve.
C • des fruits de saison.

3 • AU XXIᴱ SIÈCLE, LE NIVEAU DE LA MER POURRAIT MONTER DE...

A • 8 cm.
B • 80 cm.
C • 80 m.

4 • LA TEMPÉRATURE IDÉALE POUR CHAUFFER UNE PIÈCE ?

A • 15 °C.
B • 19 °C.
C • 37 °C.

5 • JE JETTE LE FOND DU POT DE PEINTURE...

A • sur la tête du voisin.
B • dans les toilettes.
C • à la déchetterie.

6 • OGM, ÇA VEUT DIRE...

A • organisme génétiquement meilleur.
B • organisme généralement moderne.
C • organisme génétiquement modifié.

7 • INDISPENSABLE DANS TA TROUSSE !

A • Des crayons de couleur.
B • Des surligneurs fluo.
C • Du correcteur liquide.

8 • UNE COCCINELLE...

A • dévore 100 pucerons par jour.
B • dévore 100 coccinelles par jour.
C • dévore 100 fleurs par jour.

9 • C'EST QUOI, DU COMPOST ?

A • Un engrais fait à base de tickets compostés.
B • Un engrais naturel fait avec des déchets.
C • Du terreau enrichi aux engrais chimiques.

10 • POUR PRENDRE UNE DOUCHE, JE CONSOMME ENVIRON...

A • 30 litres d'eau.
B • 70 litres d'eau.
C • 150 litres d'eau.

11 • AVEC DE VIEUX CHIFFONS, ON PEUT FABRIQUER...

A • du chewing-gum.
B • du papier.
C • du plastique.

12 • QUEL TRANSPORT CONSOMME LE MOINS D'ÉNERGIE PAR PASSAGER ?

A • l'autobus
B • la voiture
C • le tramway

13 • À LYON, ON OBSERVE EN PLEINE VILLE...

A • des castors.
B • des ours bruns.
C • des flamants roses.

14 • UNE COMMUNE QUI S'ENGAGE À RESPECTER L'ENVIRONNEMENT REÇOIT...

A • le pavillon vert.
B • le pavillon bleu.
C • le pavillon blanc.

15 • IL VAUT MIEUX TONDRE LA PELOUSE ...

A • en commençant par le centre.
B • en commençant par les bords.
C • en chantant.

16 • POUR ÉVITER QUE TON CHAT TUE DES OISEAUX...

A • tu lui fais la leçon tous les matins.
B • tu lui accroches des clochettes au collier.
C • tu lui fais enlever les griffes.

17 • UN SAC PLASTIQUE JETÉ DANS LA NATURE PEUT POLLUER JUSQU'À...

A • 10 ans.
B • 100 ans.
C • 1 000 ans.

1B - 2C - 3B - 4B - 5C - 6C - 7A - 8A - 9B - 10B
11B - 12C - 13A - 14B - 15A - 16B - 17C.

INDEX

A

B

C

D

E

F

G

H

MATHS
GÉO
DICTÉE

R

S

T

V

W

Merci à Olivier pour sa super-typo !

300, rue Léon-Joulin, 31101 Toulouse Cedex 9, France
Loi 49-956 du 16 juillet 1949 sur les publications destinées à la jeunesse.

ISBN : 978-2-7459-2003-4
www.editionsmilan.com
Dépôt légal : 1er trimestre 2008
Imprimé en Espagne par Egedsa